U0939147

当代外语研究论丛
FOREIGN LANGUAGES STUDIES
语言学研究系列

本著作受上海工程技术大学学术著作出版专项资助

谷青松◎著

英语测试中“多选奖惩法”的研究与应用

The Study and Application of Multiple-choice Items in English Tests Constructed on the Principle of "Encouraging Right Choices While Punishing Wrong Choices"

内容提要

长期以来，以“四选一”为主的多项选择题因其具有客观性强、命题面广、便于统计等优点而被广泛应用于各种英语测试中。尽管如此，这种基于“单选奖励法”的多项选择题一直存在争议，受到的质疑和批评有增无减。为了有效限制多项选择题中的猜测因素，极大限度地发挥其客观性强的优势，本书推出“多选奖惩法”的测试新方法，并从命题要求、题库建设、评分办法、实效评估、做题要求五个方面对其进行了深入研究。本书还以“帕恩词汇测学平台”中英语词汇的测试与学习为例，从多角度具体论证了该测试方法的应用实效。本书适合对英语测试感兴趣的高校教师、英语专业的本科生和研究生，以及广大英语测试的命题者和研究者阅读。

图书在版编目(CIP)数据

英语测试中“多选奖惩法”的研究与应用 / 谷青松著. —上海：
上海交通大学出版社，2015
ISBN 978-7-313-13383-0

Ⅰ.①英… Ⅱ.①谷… Ⅲ.①英语-考试方法-研究
Ⅳ.①H319

中国版本图书馆 CIP 数据核字(2015)第 161898 号

英语测试中“多选奖惩法”的研究与应用

著　　者：谷青松
出版发行：上海交通大学出版社　　地　　址：上海市番禺路 951 号
邮政编码：200030　　电　　话：021-64071208
出 版 人：韩建民
印　　刷：凤凰数码印务有限公司　　经　　销：全国新华书店
开　　本：710mm×1000mm　1/16　　印　　张：12.5
字　　数：151 千字
版　　次：2015 年 8 月第 1 版　　印　　次：2015 年 8 月第 1 次印刷
书　　号：ISBN 978-7-313-13383-0/H
定　　价：38.00 元

前　言

长期以来，以“四选一”为主的多项选择题因其具有客观性强、命题面广、便于统计等优点而被广泛应用于各种英语测试中。尽管如此，这种基于“单选奖励法”的多项选择题一直存在争议，受到的质疑和批评有增无减，其中“存在猜测因素、鼓励猜测做题”是主要原因之一。实际上，猜测算不上一种语言能力，也无济于语言能力的培养，在测试中不但助长应试者的投机心理，还会对测试结果产生不可忽视的影响。为了有效限制多项选择题中的猜测因素，极大限度地发挥其客观性强的优势，本书推出“多选奖惩法”的测试新方法，并从命题要求、题库建设、评分方法、实效评估、做题要求五个方面对其进行了深入研究。本书还以“帕恩词汇测学平台”中英语词汇的测试与学习为例，从多角度具体论证了该测试方法的应用实效。

本书共分四章论述。第一章是关于英语测试中的多项选择题。首先，本章从历史回顾、主要类型、主要问题和前景展望四个方面对英语测试进行了比较全面的介绍。然后，本章从概述、优势、劣势和现状四个方面重点介绍了英语测试中的多项选择题。本章术语繁多，描述详尽，为下面的具体研究作了铺垫。

第二章是关于多项选择题中的猜测因素。对多项选择题来讲，猜测因素的存在是一个不可忽视的弱点。多项选择题测试中的猜测包括盲目猜测和根据不完全知识排除干扰项的猜测，但不管哪种猜测，都会不同程度地给测试结果增加“水分”，客观上降低测试的可信度。那么，如何对多项选择题中的猜测因素进行量化？猜测因素会对英语测试结果产生什么影响？本章具体回答了这些问题。

第三章是全书的重点，是关于在英语测试中推出“多选奖惩法”的测试新方法。首先，对多项选择题的研究现状进行了细致的阐述。目前，有关多项选择题的研究绝大多数针对四项单选题，即传统的“四选一”题型，且徘徊于优势和劣势的比较研究，改革与创新的力度不够。四项单选题沿用至今，其实是种妥协。然后，对“多选奖惩法”进行了定义，并从设计思路的变革、选项数量的选定、奖惩分值的细化三个方面对定义的要点加以详细说明。最后，从命题要求、题库建设、评分办法、实效评估、做题要求五个方面对“多选奖惩法”进行了深入研究。

第四章是关于“多选奖惩法”的应用。首先，对“多选奖惩法”的应用前景加以展望。笔者指出，利用“多选奖惩法”设计的多项多选奖惩题，除了具有传统四项单选题的优势之外，还具有一些自身的优势，对其应用前景持乐观态度。然后，以大学英语考试为对象，从听力理解、阅读理解、词汇结构和完形填空四个方面介绍该题型的具体应用。最后，以“帕恩词汇测学平台”为实例，从开发背景、开发历程、平台简介、主要优势、主要功能、实效评估六个方面细致探讨了“多选奖惩法”在实践中的应用。

本书推出的“多选奖惩法”是作者的个人研究成果，设计新颖，方法独特，颇具实效，值得推广。虽然国内外针对多项选择题的研究很多，但是大都局限于研究本身，缺乏思路变革，鲜有方法创新。“多选奖惩法”改变了传统多项选择题的命题思路，其创新之处就是利用“有奖有惩”的方法有效限制测试中的猜测因素，从而极大限度地发挥多项选择题客观性强的优势。“多选奖惩法”表面上只是英语测试命题中的一个并不起眼的创新，但其应用价值和应用前景值得关注，势必对英语教学产生积极影响，从而拓宽英语测试的研究领域。

本书适合于对英语测试感兴趣的高校教师、英语专业的本科生和研究生，以及广大英语测试的命题者和研究者。该方法的推广有助于丰富英语测试命题的多样性，提高英语测试的实效，加强英语测试对英语教学的导向作用，满足各种英语测试命题的社会需求。

本书得以顺利付梓出版，离不开多方的支持和帮助。首先，要感谢“上海工程技术大学学术著作出版专项”(编号 2015zc12)对本书的资助。其次，要感谢国内外语言专家和学者所做的相关研究。最后，要感谢上海交通大学出版社的领导和负责本书编校任务的编辑老师们，他们为本书的出版付出了辛勤的劳动，并要感谢同事盛越副教授在数据统计方面给予的指导和帮助。

由于水平有限，书中的不当或谬误之处在所难免，敬请各位专家和读者批评和指正，并对此表示衷心的感谢！

谷青松

于上海工程技术大学

目　　录

第1章　英语测试中的多项选择题

1.1　英语测试

1.1.1　历史回顾

随着英语普通语言学、应用语言学、心理学、教学法研究的广泛、深入开展，英语测试越来越引起广大理论研究工作者及教师的关注。早在20世纪80年代，朱维举(1986:96—99)就从三个阶段回顾了英语测试的发展历史。第一阶段指1920年前，为主观测试、直觉、漫长的科学前期阶段，以作文测试(essay test)为主要代表方式，教师没有受到测试理论及测试方法的训练，测试内容主要是书面语法知识，评分主要凭教师的主观印象。第二阶段从1920年开始，为客观测试、心理测试——结构主义科学时期，主要代表方式为多种答案选择法(multiple choice)，其主要标志应为1961年美国拉多博士发表了有关语言测试的专著、多种答案选择法的盛行以及TOEFL在世界的流行。第三阶段为综合测试、心理语言学—社会语言学科学时期，主要代表方式为完形填空(cloze test)，是针对前两个阶段所进行的革新，也可以说是前两个阶段的综合与折衷。

现代语言测试，主要是外语测试，而外语测试又以英语测试为主。

孙成岗(2000:82)指出,现代语言测试在其发展史上共有三个时期,也可称之为三大体系。第一代体系主宰外语测试的历史最长,它起源于四五百年以前的欧洲,认为语言测试测量的应该是知识,在外语教学法上表现为背书。第二代体系最早出现于19世纪末期,其理论体系成熟于20世纪40年代,到了50年代中期,它从结构主义语言学获得了科学内容,从心理计量学汲取了科学手段,提出了信度与效度这两个概念,发展了一系列保证和计算信度与效度的方法,形成了关于信度与效度的理论实践体系。虽然它在外语教学领域占统治地位的时间只有10年,但其在语言测试领域的作用却非常巨大。它认为测量的应该是技能,在外语教学法方面主要表现为句型替换。第三代体系出现于20世纪50年代后期,它认为测量的应该是能力,在外语教学法方面主要表现为加强情景对话的训练,即时下被广为应用的功能交际法。70年代以后,在外语教学领域,第三代体系独领风骚,但在外语测试领域,却未能与第二代体系平分秋色,甚至在今天,第二代测试理论,在世界范围内仍然是测试理论的主流。

自20世纪80年代以来,英语测试越来越受到人们的重视和关注。邹申(2011:4—6)对英语测试近30年的发展动态做了比较详细的介绍,在此摘选转述。

第一,一些学者针对考试方式对考生成绩的影响开展了一系列的研究(Bachman & Palmer, 1981: 67—86; Clifford, 1981: 62—70; Shohamy, 1983: 527—540; 1984: 147—170),表明考试方式方法对成绩和被试能力都会产生影响。Bachman (1990:111—159)在他的著作中提出了一个考试方式影响面的理论框架。理论框架包括5类因素:考试环境(the testing environment)、考试指导语(test rubric)、考试语言馈入性质(the nature of the input)、考试预期回答性质(the nature of the expected response)以及馈入与回答的关系(the relationship between input and response)。

第二，在考试统计分析方面有长足的发展。现有研究表明应试者采用不同的策略来完成答题，且策略的使用直接关系到成绩的好与差（Cohen，1984：70—81；Nevo，1989：199—215）。已有学者合作出版专著，介绍在语言教学与测试研究中的一些定性分析方法，比如访谈、问卷 调查等，并且附有实例（Weir & Roberts，1994：140—163；Seliger & Shohamy，1997：153—200）。

第三，考生特征成为语言测试工作者所关注的一个热点。有些研究表明，文化、语言和种族背景不同会导致考试成绩上的差异（Alderman & Holland，1981；Chen & Henning，1985；Politzer & McGroarty，1985；Swinton & Powers，1980）。因此，考生特征已成为考试设计过程中的一个考虑因素。Bachman 和 Palmer（1996：111）把与考试设计有关的考生特征归纳为 4 类：考生个人特征（年龄、性别、母语、受教育程度、参加某一考试的经历或准备程度等）、背景知识、语言能力和对考试的态度（答题时的积极性或合作程度等）。

第四，对语言能力性质进行了重新认识。Oiler（1979）提出了“能力单一性的假设”（the unitary competence hypothesis），认为语言能力是一种单一性的整体能力，但后来受到实证研究的质疑和挑战。现在，被人们普遍接受的观点是：语言能力是多成分的（multicomponential），由一系列相互关联的具体能力和一项总体能力组成（Bachman，1991）。在实证研究方面有许多实例，比如 Buck（1990）的研究证明，在满足一定条件的情况下，阅读和听力能力可以区分开来；高等学校英语专业考试（TEM）效度研究也从不同的方面显示语言能力的多成分性（邹申等，1997）。在理论方面，Bachman（1990：81—109）提出的交际语言能力模式（communicative language ability model）博采众长，全面地描述了语言能力的性质及其组成部分，是迄今为止最完善的一个理论模式，包括三个组成部分：语言能力（language competence）、策略能力（strategic competence）和心理生理机制(psychophysiological mechanisms)。

第五，在过去30年里语言测试界愈来愈注重对考试效应的研究，这方面的研究成果不断出现(Alderson & Wall，1993；Alderson & Wall，1996；Cheng，1997；Cheng，Watanabe & Curtis，2004；Cheng，2005；Green，2007)。考试一旦实施，其结果(通常是成绩)会对各种决策产生影响，这就是考试效应。考试对教与学的影响称为反拨效应(backwash or washback effect)(Hughes，2003：1—2)。根据考试对教学和学习产生的积极或消极影响，考试反拨效应可分为正面效应或负面效应。正面效应对课程的完善、教材或教法的更新起到积极的推动作用；而负面效应不仅不会对教与学起到推动作用，而且还可能会使教与学走入歧途。

和许多其他事物一样，英语测试同样具有明显的社会属性，这一点也得到了许多专家和学者的关注。《语言测试社会学》(杨惠中、桂诗春，2015：序言)是从社会性思考的角度来探讨语言测试的理论和实践的一本论文集，作者都是语言测试界富有实际经验的专门人士。他们的共同感受是：测试(Testing and Examination)是一门科学，有其本身的科学体系；但是测试又不能就科学而论科学，它和教育息息相关，所以又称为教育测量学(Educational Measurement)。而且它和许多社会问题，如人才选拔、社会发展、经济建设等，也有密切关系，特别是一些社会的敏感问题，如发展不平衡、社会不公等，也往往会反映到考试和招生录取上面来。在国外，考试的社会性(或称为“社会维度”)，也是一个越来越受到关注的问题，因为其社会敏感度很高，牵动社会的方方面面。考试的社会性应该也是考试(特别是外部的公开考试)的一个主要内在属性。离开了它，考试就不复存在。

蒋显菊(2007：89)对1996～2005年刊登在国内8种主要外语类核心期刊上有关英语测试研究的文章进行了检索统计，其结果显示：测试研究总体上呈上升趋势；研究涵盖了测试的6个主要方面——测试信度、测试效度、测试类型、测试题型、测试的反拨作用、测试问题与改革等;研究方法以非材料性研究为主,实证性研究为辅。通过对研究现状的分析发现:实证性研究比例有所上升但仍然偏低;研究内容层面存在不足;对学习主体——受试者的研究不够。

总之,随着语言学、教学法、心理学、社会学等与语言测试相关学科的发展,英语测试也得到了广泛、深入和长足的发展。特别是近百年来,人们对英语测试的研究越来越深入和系统,取得了丰硕的成果。现在,我们生活在一个高度信息化的大数据时代,英语测试的发展和研究必然会受到新的挑战,需要以人为本的理念,更需要不断创新的精神。

1.1.2　主要类别

1.1.2.1　根据考试目的分类

通常,根据考试目的可以将英语测试划分为四大类,即水平考试(proficiency tests)、学业考试(achievement tests)、分级考试(placement tests)和诊断考试(diagnostic tests)。水平考试通常用来衡量考生的语言能力,具有选拔性和非课程性两大特点,其目的不是看考生对某一课程内容的理解、掌握程度如何,而是根据语言理论所设计的标准来测试考生现有的语言能力,从众多考生中筛选出佼佼者。学业考试旨在检查学生在某一课程中的学习进展情况,其内容必须在教学大纲的范围内,通常有期中考试(midterm tests)和期末考试(final tests)。分级考试用来确定新生不同的语言水平,以便制订或根据实际情况调整教学内容或计划,要考虑内容和难度适宜,以利于均衡地考查学生的水平。诊断考试旨在了解学生在某一阶段中学习上的长处与短处,其最终目的是为了给教师提供教学效果或质量方面的信息。

McNamara(2000:6—7)也根据考试目的将英语测试划分为学业

考试(achievement tests)和水平考试(proficiency tests)两大类，并作了详细描述：

Achievement tests are associated with the process of instruction. Examples would be: end of course tests, portfolio assessments, or observational procedures for recording progress on the basis of classroom work and participation. Achievement tests accumulate evidence during, or at the end of, a course of study in order to see whether and where progress has been made in terms of the goals of learning. Achievement tests should support the teaching to which they relate. Writers have been critical of the use of multiple choice standardized tests for this purpose, saying that they have a negative effect on classrooms as teachers teach to the test, and that there is often a mismatch between the test and the curriculum, for example where the latter emphasizes performance. An achievement test may be self-enclosed in the sense that it may not bear any direct relationship to language use in the world outside the classroom (it may focus on knowledge of particular points of grammar or vocabulary, for example). This will not be the case if the syllabus is itself concerned with the outside world, as the test will then automatically reflect that reality in the process of reflecting the syllabus. More commonly though, achievement tests are more easily able to be innovative, and to reflect progressive aspects of the curriculum, and are associated with some of the most interesting new developments in language assessment in the movement known as alternative assessment. This approach stresses the need for assessment to be integrated with the goals of the curriculum and to have a constructive relationship with teaching and learning. Standardized tests are seen as too often having a negative, restricting influence on progressive teaching. Instead, for example, learners may be encouraged to share in the responsibility for assessment, and be trained to evaluate their own capacities in performance in a range of settings in a process known as self-assessment.

Whereas achievement tests relate to the past in that they measure what language the students have learned as a result of teaching, proficiency tests look to the future situation of language use without necessarily any reference to the previous process of teaching. The future "real life" language use is referred to as the criterion. In recent years tests have increasingly sought to include performance features in their design, whereby characteristics of the criterion setting are represented. For example, a test of the communicative abilities of health professionals in work settings will be based on representations of such workplace tasks as communicating with patients or other health professionals. Courses of study to prepare candidates for the test may grow up in the wake of its establishment, particularly if it has an important gate-keeping function, for example admission to an overseas university, or to an occupation requiring practical second language skills.

在 McNamara 看来,学业考试注重考查考生的"过去"(the past in that they measure what language the students have learned as a result of teaching),而水平考试注重了解考生的"未来"(the future situation of language use without necessarily any reference to the previous process of teaching)。这种对英语测试的划分很简明,思路也很清晰,直接反映出测试的两大目的。

1.1.2.2 根据考试方法分类

根据考试方法，王枫林(2002:203)把英语测试分为笔试法、面试法和实践法三种类型，并作了具体描述："笔试法是英语测试中最常用的一种方法，采用笔试的形式，让受试者以书面形式把题答在试卷上或用铅笔把答案涂在专用的答题卡上。面试法也是英语测试常用的方法。通过对受试者逐个面试或录音录像的方法，直接了解受试者掌握英语的情况，如语音语调、口头表达能力和应变能力，同时也可以了解受试者其他方面的情况，例如：相貌、风度、家庭情况、兴趣爱好等。实践法通过受试者应用所学知识处理某个问题或完成某项任务的方法，考核受试者的水平。英语教学中常采用写论文或翻译实习、教学实习等方式。"

而 McNamara(2000:5—6)根据考试方法把英语测试划分为答卷式语言考试(paper-and-pencil language tests)和交际式言语考试(performance tests)两大类，并作了详细描述：

Paper-and-pencil tests take the form of the familiar examination question paper. They are typically used for the assessment either of separate components of language knowledge (grammar, vocabulary etc.) or of receptive understanding (listening and reading comprehension). Test items in such tests, particularly if they are professionally made standardized tests, will often be in fixed response format in which a number of possible responses is presented from which the candidate is required to choose.

In performance based tests, language skills are assessed in an act of communication. Performance tests are most commonly tests of speaking and writing, in which a more or less extended sample of speech or writing is elicited from the test-taker, and judged by one or more trained raters using an agreed rating procedure. These samples are elicited in the context of simulations of real-world tasks in realistic contexts.

可以看出,McNamara从语言和言语两个不同角度理解英语测试,抓住了英语测试的本质和归宿,也就是说,英语测试与英语的学习和运用都密不可分。这种分类具有很强的科学性,对实践的指导意义非常明显。

1.1.2.3 根据评分方式分类

根据评分方式,考试可分成客观考试(objective tests)和主观考试(subjective tests)两种。客观考试的试题答案具有规定性或排他性,如采用多项选择题的考试。主观考试的试题答案具有开放性或灵活性,事先很难确定标准答案,只能安排教师根据评分标准综合评估、打分,如常见的翻译、写作考试。

以上介绍的只是众多英语测试分类的一部分,还有将英语测试分为:分离式测试(discrete-point tests)和综合式测试(intergrative tests)、常模参照考试(norm-referenced tests)和标准参照考试(criterion-referenced tests)等等。在英语测试的实际运用中,各类别并非相互独立,而是会因测试预期有所重叠。从不同角度对英语测试进行分类,并加以比较和研究,旨在全面地了解英语测试,从而更好地研究英语测试。

1.1.3 主要问题

王振亚(2009:26)指出,“从教育出现就有了测试。从有了语言教育就有了语言测试。可以说测试已经经历了长期的历史发展,已经具备了很高的科学性。但必须承认,测试,包括语言测试,还存在没有解决的问题。而且至今仍见不到解决这些问题的曙光。在可以预见的未来,这些问题仍无法解决。”那么,英语测试究竟存在哪些问题呢?在此,笔者想从以下几个方面加以探讨。

1.1.3.1 试题设计墨守成规

在语言测试中，试题设计是一项复杂、艰辛、细致的工作。不管是小规模班级测验，还是大规模关键性考试，细致是试题设计中的第一要务(Bachman & Palmer，1996：85－86)。Bachman 和 Palmer 还用图示详述了试题设计的三个关键阶段：设计(design)、实施(operationalization)和管理(administration)。

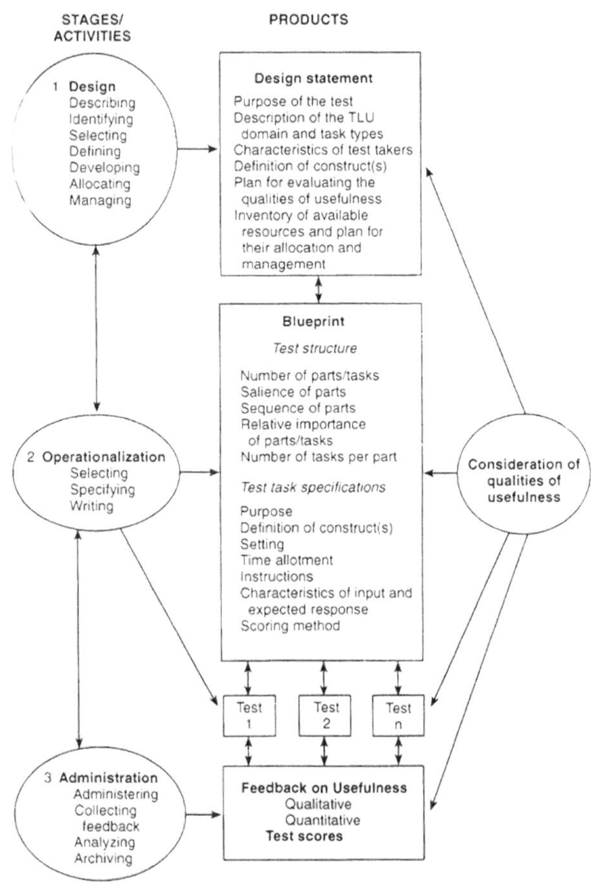

图 1－1 试题设计三个阶段(Bachman & Palmer，1996：87)

也许，正是因为试题设计工作太复杂、太耗时、要求太高，语言测试的试题设计往往会满足于现状，墨守成规，难有创新，英语测试也不例外。

第一，内容过于注重语言知识，忽略了语言运用能力。毛云(2001)指出，“在听力测试中，有的听力考题不是侧重整体理解，只是针对个别词汇的意义，因而变成了听力形式的词汇测试。阅读理解测试也存在类似的问题，有的阅读理解测试过分倚重词汇知识，因而有的学生只凭认识大量单词而并没有真正理解文章意思便能得高分。这种不科学的测试内容对大学英语学习及教学都起着错误的导向作用。它鼓励学生死记硬背孤立的语法条文及词汇知识，结果造成了众多的高分低能现象。”

第二，题型以多项选择题为主，主观题比例偏小。就拿大学英语考试(CET)来说，尽管这些年来，主观题比例逐步增加，如听力中增加了听写，翻译由完成句子改成段落翻译等，但以选择题为主要形式的客观题仍然占主要比例。形成这种局面有多方面的因素，包括经济效益、使用习惯、更新意识等，但如果不加以改变，肯定不利于英语测试的长远、可持续发展。

第三，题库更新缓慢。大规模的国家级和世界级的英语测试都以题库作为试题设计的重要支撑。题库内容的更新是不可回避的现实问题，但实际操作起来难度很大，不光是内容选择的问题，还涉及复杂的试题设计问题。雅思考试(IELTS)由于市场需求巨大，施考频次越来越密集，因此，题库的更新明显滞后，只好每隔一段时间重复使用已经考过的试题，以解“燃眉之急”。这样一来，应试者就有机会去“做功课”，有可能去“找规律”，多少会影响考试的公平与公正。

1.1.3.2　信度效度难趋完美

信度(reliability)和效度(validity)是英语测试的两个主要的质量指标。杨惠中(2003:25)认为，“信度是指对学生的语言水平提供可靠的度量，效度是指考试能准确反映学生实际运用语言的能力。”具体来说(杨惠中、桂诗春,2015:12－13),“信度表示相同的考生在不同时期(或不同测试条件)使用同一个考试,或使用平行试题(经过等值处理)的考试,所获得的分数的一致性。信度概念的提出,是由于一个考生分数往往受到种种不相关的、偶然因素的影响,存在一些测量误差。一个测试的效度指的是它有没有测量它所声称要测量的东西。这可以从两方面来理解:一个是测试测量了什么?这就是内容效度(content validity)。另一个是测量的好坏,它是否达到了预定的目标,这就是效标关联效度(criterion-related validity),它可以是共时性或预测性的。”

在英语测试实践中,信度和效度这两个指标往往难以达到预期目标。尽管检验信度和效度的方法和途径很多,但是我们无法消除测量误差,无法让测试真实无误地反映应试者的相关能力水平,因此,测试的信度和效度要想达到完美几乎是不可能的。

1.1.3.3 分数解读存在误差

分数是测试的结果,理应反映应试者的实际能力和水平,但在测试实践中,两者的误差难以避免。主要原因有以下几个方面。

第一,测量误差客观存在。其原因有(杨惠中、桂诗春,2015:12):①有来自考生自己(他们的心理素质、注意力、遗忘和疏忽等等)。②环境因素(包括测试环境和试卷的适应度)。③阅卷员的癖性和主观性,对主观性的自由作文,难以统一和掌握一致的标准。④工具性因素,有些计算需要使用电子和机械设备,其程序的编制和操作也会产生误差。

第二,测试的分数没有清晰的定义。0 分并不表示对测试所涉及的知识和能力一无所知。60 分和 70 分之间的差距也不等于 90 分和 100 分之间的差距。因为对应试者来说,把分数从 60 分提高到 70 分要比从 90 分提高到 100 分容易。而且我们可以肯定,如果 60 分是及格线,59 分和 60 分之间的差别绝不等于 60 分和 61 分之间的差别(王振亚,2009:28)。

第三,分数解读存在不同的参照标准。在常模参照考试(norm-referenced tests)中,某一学生成绩的高低需要通过与同一考试其他学生成绩(或一个常模组)的比较才能得知。在这种情况下,我们经常说学生A的成绩使他位于最好的1%的学生中;学生B的成绩在全体学生最差的5%中。也就是说,对一个学生考试成绩的解释是相对于其他学生成绩而言的。而在标准参照考试(criterion-referenced tests)中,一个学生所得成绩的含义是通过与事先制订的标准对照后而得出的。既然参照标准存在不同,测试分数的解读肯定会存在误差。

1.1.3.4 测试手段过于传统

这里谈及的测试手段是一个比较宽泛的概念,可以涵盖测试方法、测试方式、测试工具等。目前,英语测试的手段过于传统,仍然满足于“一张纸,一支笔”的状况。刘红梅(2009:68－71)指出,“传统英语测试手段存在着以下局限性:第一,传统的英语测试出卷工作需要耗费大量的时间和精力,不仅工作效率低,试卷质量还难以保证。第二,在设计试卷的时候,往往会因为考虑测试的可行性而过多地强调试卷信度,大量采用选择性的客观试题,忽视了试卷的效度问题,从而难以有效地测试出学生运用语言的真实能力。第三,在对一些主观试题打分时,要切实做到公正客观地评估应试者的真实英语水平也是相当困难的。由于主观试题的评分标准难以掌握,评分主观因素太多,阅卷人容易根据自己的主观印象来给考生打分,因此,人们对阅卷人所给出的主观试题评分结果长久以来一直存在着较大的争议。第四,英语测试后的工作也常常是仅限于教师订正答案,而极少对试题本身的难度和区分度以及考试分数所反映的情况进行认真分析。这种只重测试不重总结的行为,也不利于教师真正了解学生的英语学习状态和学习弱点,不利于及时调整英语教学策略。”

随着多媒体技术的广泛应用，计算机以及网络在教学中的辅助作用也随之增强。英语教学手段的现代化变革促使英语测试手段发生相应的变化。传统的英语教学和测试模式已经不能适应新时代的需求，这对英语测试和教学都提出了新的要求和挑战。托福考试借助了不少计算机辅助手段，取得了普遍认可的经济效益和社会效益。我国的大学英语考试虽然也实施了机考，但效果如何？效益如何？软件开发的进展如何？决策者的心态如何？前景如何？这些都是大家关心的问题。

1.1.3.5　反拨效应不尽人意

教育界把测试对教学和学习的影响称为反拨效应（backwash or washback）。后来，英国应用语言学家把这一概念引用到应用语言学领域，特指语言测试、尤其是外语测试对相应的教学和学习产生的影响（黄大勇，杨炳钧，2002：288－293）。人们无须质疑反拨效应的存在，真正需要关注的是影响反拨效应的因素、如何减少负面反拨效应、如何提高正面反拨效应。

就我国目前英语测试的状况来看，反拨效应不尽人意。以我国的大学英语考试为例。大学英语考试实际上是一种常模参照式的水平考试。表面上看，大学英语考试应该对大学英语教学和学习产生正面影响，即具有正面反拨效应，但实际上，这种正面反拨效应非常有限，而且在某种程度上具有一定的负面反拨效应，主要表现在以下几个方面：

第一，应试教育愈演愈烈。大学英语考试参考的依据是为其量身打造的所谓考试大纲，并非大学英语的教学大纲，因此，这种目的性很强的考试势必会冲击大学英语的课堂教学，影响大学英语的教材设计，干扰大学英语教学的评价办法。多年来，“考教分离”就像一个幽灵，侵扰着虽传统却高效的英语课堂教学，给正常的学业考试打上了深深的应试烙印，使教师和学生游离在一个似是而非、能效失衡、无力思变的世界。

第二,学业考试的反拨效应被忽略。Alderson & Wall(1993)曾提出了 15 个反拨效应假设(Washback Hypothesis):①测试会影响教学;②测试会影响学习;③测试会影响教师的教学内容;④测试会影响教师的教学方法;⑤测试会影响学生的学习内容;⑥测试会影响学生的学习方法;⑦测试会影响教学的速度和顺序;⑧测试会影响学习的速度和顺序;⑨测试会影响教学的程度和深度;⑩测试会影响学习的程度和深度;⑪测试会影响教学和学习的态度;⑫重要的测试才有反拨效应;⑬不重要的测试不会有反拨效应;⑭测试会对所有学生和教师产生反拨效应;⑮测试只对学生和老师产生反拨效应,不会对其他人产生反拨效应。相对大规模、常态化的大学英语考试来说,大学英语教学中很重要的学业考试就显得“相形见绌”,被习惯性地列入上述第 15 个假设“不重要的测试不会有反拨效应”而变得“不重要”,被强行认为“对大学英语教学的影响无关紧要”。

第三,分数报道与实际水平误差较大,信度大打折扣。大学英语考试的分数解释参照所谓的常模,最终报道的分数并没有反映应试者的真实水平。这种“含水分”的分数报道,对大学英语教学会产生正面的影响吗?

1.1.4　前景展望

英语测试尽管存在这样或那样的问题,但人们对英语测试的改革和研究不但不会停滞不前,反而会更加深入,更加具体,更加注重正面反拨效应。

第一,改革势在必行。首先,在测试内容上,改变传统以测试语言知识为主的局面,尝试交际测试(communicative testing)手段(毛云,2001),“从交际角度出发去测量学生对各种语言技能的综合运用能力。”其次,在测试手段上,针对不同的测试群体和测试内容,开发并运用计算机辅助测试软件，满足各种测试需求。最后，在测试分数报道上，更加注意反映应试者的实际水平，强化测试的正面反拨效应。

第二，研究不断深入。针对英语测试的研究，蒋显菊(2007:94)指出，“①研究方法将呈现多元化、理性化、规范化的趋势：定量与定性相结合，非材料性研究和实证性研究相结合和并存。②研究内容涉及的范围将越来越广。随着跨学科和多学科综合研究的发展，研究者将会更多地利用测量学、心理语言学、社会语言学、应用语言学、语言习得等学科的新发展来指导测试研究。③对测试软件的研发将得到进一步加强。”

第三，更加重视正面反拨效应。英语测试应该回归到为英语教学服务的基本宗旨上来，去功利、强效应，造福一代代英语应试者。王正元(2005:53)指出，“语言测试的反拨效应影响到个人、考生的下届同学、未来的雇员，间接地影响到将要参加考试或与考试有关的每个人……使教师对教材、教法都产生反思，其中一个很大的负面影响会使教师按照考试的走向挥动考试的指挥棒，对社会和整个教育机制也都会产生影响，引起全社会包括家长在内的关注，引起教学管理部门自觉地跟着测试的路向去管理教学。”大规模英语水平考试的社会效应是市场需要的正常结果，可以激起英语教学的热情，产生英语学习的动力。但是，不能让这类考试冲击正常的英语课堂教学，而要正确处理好水平考试和学业考试的互补关系，充分发挥所有英语考试对英语教学的正面影响。总之，正面反拨效应是英语测试之本，必须得到更加重视。

1.2 多项选择题

1.2.1 综述

1.2.1.1 基本定义

多项选择题(multiple-choice item)，简称 MC 题，是客观测试中应用最广的一种题型。它由题干(stem)和选择项(option、response 或 alternative)这两部分组成。选择项中有答案(answer、correct option 或 key)和干扰项(distractor)。

尽管多项选择题会有不同的表现形式,如有单选的,也有多选的,但是,人们通常说的多项选择题其实就是"四选一"那种,即选择项只有 A、B、C 和 D 四个,答案只有一个。针对如何设计多项选择题,Heaton(2000: 28—30)曾提出六大原则,其中第一条规定"每道题应只有一个正确答案,不能出现两个或两个以上答案"。McNamara (2000:135)将 MC 题型定义为"a format for test questions in which candidates have to choose from a number of presented alternatives, only one of which is correct",明确说明答案只有一个。

值得一提的是,人们有时候把多项选择题理解为"有四到五个选择项、答案在一个以上的选择题",而把单项选择题理解为"四选一"类的选择题(也就是我们常说的多项选择题),而事实上,前者可以称为"多项多选题",后者可以称为"多项单选题"。

1.2.1.2　历史背景

多项选择题是人们追求测试科学性的产物,给语言测试带来了天翻地覆的变化。在一定意义上可以说,语言测试成为一门学科与多项选择题的产生有密切关系(王振亚 2009: 99)。反过来说,不同时期语言测试模式和体系的形成也可以反映出多项选择题的发展。

通常,第二语言测试被划分为三个时期(Heaton,2000:11—28),即"科学前"时期("pre-scientific" period)、"心理测验学及结构主义"时期("psychometric-structuralism" period)和"综合的社会语言学"时期("integrative-sociolinguistic" period)。

在"科学前"时期,也就是第一次世界大战前,语言测试的方法是短文写作——翻译法,测试的目的在于了解学生的语言知识,主要测试语法规则、句子翻译、单词识别等。

在“心理测验学及结构主义”时期，也就是20世纪50年代到60年代，语言学家提出了“语言是一套形式结构，一套符号系统”的断论。直接法和听说法在欧美占支配地位。这种教学法重视语言技能的训练，特别是听说技能。因而，测试的目的在于了解学生的听、说、读、写4种语言技能和运用语音、语法、词汇等知识的语言能力。与此同时，心理测验学强调测试的可靠性和客观性。由于多项选择题具有评分客观、覆盖面宽等特点，测试的主要方式是分立式。多选题就是这个时代的产物。

“综合的社会语言学”时期始于20世纪60年代末、70年代初，流行的是同结构主义测试方法相反的综合法。综合法不是孤立地测试每个语言项目，而是采用综合的方式从整体上对学生的语言能力进行测量，它同时又考虑到了语境(context)的重要性。其代表性题型有完形填空和听写。另一种是交际测试法，重在了解学生运用语言(use)的能力，即交际能力，而非语言的用法(usage)。

大家公认，多项选择题始于心理测试。潘之欣(2001:67－68)对此作了如此描述，“多项选择题始于心理测试(mental testing)。心理测试是心理学中用来测量人类认知能力的手段，1904年由法国医生Binet在确认智力发育迟缓、需接受特殊教育的儿童时最先使用。1917年美国参战时，心理学家Robert. M. Yerkes受命对100多万美军新兵进行心理测试，以排除其中心理素质不宜战争的人。迫于新兵人数庞大，时间、人力、物力缺乏，Yerkes采用了客观评分成组测试法(objectively scoring group test)，开创了大规模客观心理测试的先河。这是最早使用多项选择题的心理测试之一，在公众中产生了巨大影响。同时，在现代统计学奠基人Francis Galton提出的正态分布学说的基础上，相关分析、因子分析等一整套精巧周密的统计方法也逐步完善，从而为开发、分析、评价这类测试提供了方法和标准。”

关于多项选择题的发展历程，高淑玲等(2009:156)作了比较详细的描述,"19 世纪 20 年代初,以多项选择题和是非题为代表的客观性测试开始在美国教育界包括语言学科中使用,并迅速获得承认;20 世纪 30 年代,心理计量学的发展进一步促进了客观性测试手段的应用;到了 20 世纪 50 年代,客观性语言测试已在美国教育性语言测试中占主导地位;在 20 世纪 60 年代,许多结构主义语言学家和教育心理学家开始研究语言测试的模式,并采用测量学的方法计算测试的信度、效度。以美国的 Robert Lado 为代表的结构主义语言学家们非常注重客观性测试,他们认为语言是一个独立的体系,语言学习应分三个阶段,因而每一次测试只能测量语言的一个部分(语音、词汇、语法和搭配等)(Lado,1961)。在这种背景下,多项选择题应运而生并迅速发展。1954 年,多项选择题成为由美国大学入学考试委员会(College Board)主办的所有语言测试的惟一使用题型,并在 1965 年达到顶峰,最突出的代表就是针对外国人的英语语言测试——托福考试(TOEFL),这标志着以心理计量学为基础的客观考试的完全成熟。随着交际测试的崛起,从 20 世纪 80 年代开始,多项选择题在交际测试中渐成主流。20 世纪 80 年代后期,多项选择题引入中国,并广泛应用于各种大规模考试之中,为中国测试界送来一股暖风。如 1988 年英语高考、1987 年和 1989 年的大学英语四六级考试中多项选择题分值均占总分的 80%以上。如今,在考试改革的浪潮中,多项选择题仍在各大规模的考试中被广泛使用。"

1.2.1.3　主要形式

多项选择题可以有很多形式。潘之欣(2001:68—69)指出,"一道标准 MC 题包括题干和四或五个选择项,选择项中有些是正确或合适的答案,其余是干扰项。一般规定每题只有一个答案,但有时也有多答案或无答案的情况。这种不定选择项数的 MC 题比惟一答案的 MC 题效度高,但评分麻烦,因而少用。"实质上,是非题型也是一种 MC 题型,虽然只有正确和错误两个选项。

李筱菊(1997:180)对语言测试中的题型作了粗略统计，常用的有：是非判断(true/false)、配对(matching)、取代(replacement)、排序(ordering)、词形/句型变换(morphological/syntactic transformation)、错误辨认(error recognition)、错误改正(error correction)、填空(gap-filling)、补全句子(completion)、完形填空(cloze)、短答案问答(short-answer question)、听写(dictation)、信息转换(information transfer)、按指令做事(following instruction)、朗读(reading aloud)、改写(rewriting)、复述(retelling)、记笔记(note-taking)、提要(summary)、限制性讲话/写作(restricted speaking/writing)、自由讲话/写作(free speaking/writing)等。其中，除朗读、改写、复述、记笔记、提要、限制性讲话/写作、自由讲话/写作等表达性题型之外，其余均可与MC题型结合。

潘之欣(2001:69—70)对MC题型作了详细的分类说明：

(1) MC配对题。可用于考语音、词汇和句法，要求根据语音、意义、语法上的相同、相反或相关等关系，选出与所看/听到的语言形式相配对的单词、音标、母语释义词/句、目标语定义、目标语释义句或图片；也可用于考听力和阅读理解，要求选出与材料内容相对应的标题、发话人/作者等。

(2) MC取代题。可用于考词汇，在所提供的句子题干中，所考词项用底线划出，要求选出可以放入句中取代它的词项。

(3) MC排序题。可用于考词汇、句法和阅读理解，要求从不同种对打乱了字母顺序的单词、打乱了词序的词组或句子、打乱了句序的段落、打乱了段落次序的文章进行重排的方式中选出正确的排列顺序；或者要求根据所听/读材料选出重排打乱了次序的句子、图片、表格等的方法，用于考听力和阅读理解。

(4) MC词形/句型变换题。可用于考词汇和句法，要求从几种变换词形或句型的方式中选出正确的一种。

(5) MC 错误辨认题。可用于考词汇、句法和阅读理解，句子或篇章某部分中的几处用底线划出，要求选出错误的一处；或者要求根据所听/读材料选出句子、篇章、图片或表格中的错误部分，用于考听力和阅读理解。

(6) MC 错误改正题。可用于考词汇、句法和阅读理解，句子或篇章某部分中的错误部分用底线划出，要求从所给选择项中选出改正该错误部分的正确形式。

(7) MC 填空题。可用于考词汇和句法，在句子题干中有一空当，要求从选择项中选出填入该空当的最合适的形式；也可用于考听力和阅读理解，在句子或篇章等所听/读材料的提要中有一处或几处空当，要求根据材料从选择项中选出填入该空当的最合适的形式。

(8) MC 补全句子题。可用于考句法、听力和阅读理解，句子题干的后半部分未完成，要求(根据所听/读材料)从选择项中选出补全句子的最合适的形式。

(9) MC 完形填空题。可用于考词汇、句法和阅读理解，在给出的一整段连贯的文章中有多处空当，要求从针对每个空当的选择项中选出填入该空当的最合适的形式。

(10) MC 短答案问答题。可用于考听力和阅读理解，要求根据所听/读材料选出题干所提问题的正确回答。

(11) MC 复合式听写题(compound dictation)。可用于考词汇、句法和听力理解，在给出的一整段连贯的语篇中有多处空当，要求在听取这篇材料之后，从针对每个空当的选择项中选出所听到的形式。

(12) MC 信息转换题。可用于考听力和阅读理解，要求根据所听/读材料选出与材料表述内容相一致的图片、地图、表格等。

(13) MC 按指令做事题。可用于考听力和阅读理解，要求选出与按所听/读材料发出的指令做事后所得最终结果相一致的图片、地图、表格等。

虽然MC可以和多种测试题型结合产生不同形式的MC题型，但是，目前各大英语测试中MC题型的主流仍然是“四选一”，即从A、B、C、D四个选项中选出惟一的正确答案。

1.2.2 优势

多项选择题发展至今，之所以仍然是命题者不可或缺的题型选择，是因为其本身确实具有诸多优势。针对多项选择题的优势，人们做了大量的研究和阐述，但无外乎以下几个主要方面。

1.2.2.1 评分优势

第一，评分过程非常便捷。由于评分不需要评分人的主观判断，完全机械化，因此评分可由非专业人员甚至计算机完成，其过程比其他题型更简单、迅速、经济(Heaton，1988:25；Hughes，1989:59)。第二，便于统计和分析。目前已具备针对MC题型进行项目分析(item analysis)、考试分析(test analysis)、分值等值(score equating)、试题建库(item banking)等所需的一系列统计分析软件，用以检查、保证考试结果及试题的信度和效度。而其他题型则暂时还缺乏这种现成的手段(李筱菊，1997:190)

1.2.2.2 效度优势

第一，可用于测试多种语言能力。MC题型不仅可用于以语言形式为目标(language code-oriented)的语音、词汇、句法测试，还可用于以信息为目标(message-oriented)的听力和阅读测试。在语言理解测试中，MC题型可以有效地探测受试者对所听/读材料传达的多层次、多范畴信息的理解能力(李筱菊，1997:463)。同时，MC题型还可以探查理解过程中需要运用的各种语言能力之外的技能和策略，如借助关于世界的知识，从上下文猜测意义、分析信息、综合信息、运用逻辑推理、运用判断或欣赏的能力等(李筱菊，1997:162－163)。

第二，可以通过预测(pretesting)保证试题质量。MC试题易于在大规模实测之前进行预测，即选择受试群体的可靠样本，组织他们在模拟实考的条件下进行考试试验（Weir 1990：43；Heaton，1988：26）。通过对预测结果的统计分析，可以预先估算出每道试题、每个选择项、每道大题及全卷的答对率（或选择率）、难易度、区分度，各大题和全卷的信度，各大题之间的相关系数等质量指标，为发现、修改、去除不良试题提供依据，从而保证试卷质量。此外，如果再组织这批受试样本用往年试卷进行考试，则还可以比较不同年份参加考试的受试群体之间的水平差异（潘之欣，2001：71）。

第三，排除写作能力的影响。在阅读和听力理解测试中，若采用开放式短答案问答、补全句子等题型，则要求受试者写出答案。这就造成部分受试者虽完全理解材料，但却因表达能力差写不出或写错答案，从而影响了对所考接受能力的测量准确性。而采用 MC 题型，受试只需选择正确答案，不涉及表达能力，根本杜绝了这种现象的产生，保证了考试的效度（Weir，1990：43）。

第四，提问和回答均明确。在 MC 题型中，命题人的提问意图十分明确，考点非常具体，应试者的回答方式只是选择，避免了在开放式问答等题型中答题的不确定性，从而保证应试者答题的有效性。

1.2.2.3　信度优势

第一，评分信度高。由于就 MC 题的答案事先早已达成一致，受试者的考试结果不会受到评分人个人因素的影响，由任何一个评分员评分，同一受试的考试结果不会有任何不同，评分过程完全客观，评分信度完满（Weir，1990：43；Hughes，1989：59；Heaton，1988：25）。

第二，抽样信度高。一般来说，考试中试题越多，抽样量越大，考试信度就越高。MC 题恰恰具有抽样量大、覆盖面广的特点。回答 MC 题时，受试只需在答卷纸上书写或涂抹选择项代号即可，比自行书写答案耗费时间少，因此在相同时间限制内，MC 试卷可以容纳更多数量的试题（Hughes，1989：60）。对于考语音、词汇、句法的离散考点考试,这意味着更大的语言点抽样量。而对于听力、阅读考试,这意味着更多数量的材料和更多基于这些材料的试题,进而是更大的对不同体裁、题材的材料和所考语言微技能的覆盖面和抽样量。

1.2.2.4 经济优势

第一,MC题可以通过机器阅卷,并借助相关软件对考试结果进行统计和分析,这样既节省大量时间,又节省人力和物力。对任何考试来讲,阅卷都是一项工作量大、难度和要求很高的工作。相对主观题来讲,MC题的阅卷优势非常明显。

第二,MC题库量大,覆盖面广,而且兼容性强,方便大规模标准化考试的整体命题。而且,命题者可以有选择地重复使用已用试题,大大降低设计成本。

1.2.3 劣势

多项选择题虽然具有多方面的优势,但是劣势也很明显。可以说,多项选择题就如同烫手的山芋,使试题编写人员爱也不能,罢也不能(李窖,2007:219)。概括起来,多项选择题的劣势主要涉及以下几个方面。

1.2.3.1 效度劣势

第一,语言使用不真实。MC题型测量语言能力的效度一直受到怀疑,因为回答MC题完全不是真实的语言使用活动(Weir, 1990: 44)。在现实生活中,在使用词汇、句法结构等语言形式时,人们很少会从四或五个同类形式中选择一个。在表明自己理解所听/读内容时,人们也大多直接通过说话或写作的方式。尽管从四或五个选项中择其一的情况也时有出现(例如商店售货员从几种商品中确认顾客所描述的那种),但机会不多(Hughes, 1989: 62)。

第二,无法直接测试语言表达能力。MC题型的实质是规定受试者答题采用选择性方式,而不是表达性方式,因此该题型不要求受试者产生任何目标语，从而决定了它无法直接、有效地测试语言表达能力。MC 题型不适宜测量语言表达能力，即使花大力气精心设计，效度仍很低，这完全是由该题型的内在本质决定的（潘之欣，2001：71）。

1.2.3.2　信度劣势

第一，命题难度大。制作 MC 考试要比制作开放式考试耗时长、花费高、难度大（Weir，1990：44）。通常，制作出一套高质量的试卷，保证各项质量指标都达到标准，一般需要耗费专业人员一年的时间。科学的 MC 试题设计有着非常高的要求，不光是对选材的要求，还有对题干、答案、干扰项等设计方面的要求。因此，MC 试题设计难度的存在往往会使其质量大打折扣。事实上，许多 MC 题的答案是经不起推敲的。

第二，试题设计具有主观性。由于在评分过程中通常采用机器评卷，不存在任何主观因素，MC 题被认为是信度最高的测试模式之一。虽然 MC 题型的评分过程是客观的，但是制作试题时设计正确答案和干扰项的过程却完全依赖于命题人对受试者可能使用的正确和错误语言形式、或可能产生的正确和错误理解方式的主观估计。该题型迫使受试者通过汇聚性思维（convergent thinking）对所给选择项进行分析和判断，而某些选择项可能是受试者本人根本不会想到的。与此相反，真实的语言使用通常运用发散性思维（divergent thinking），一般表达一个思想都有多种合适的语言形式，在理解、尤其是推断性（inferential）理解中也有各具侧重点的多种理解方式。命题人所确定的正确语言形式或正确理解方式并不一定是受试者在正常语言使用情况下将会采用的形式或方式（Weir，1990：44）。

第三，存在猜测因素。MC 题型有利于受试者猜测答题（Weir，1990：44；Heaton，1988：26；Hughes，1989：60），这是影响 MC 题型信度的一个主要因素之一。关于猜测因素，本书将进行单独探讨。

第四，应试者的背景知识会直接影响考试结果。在听力和阅读考试中，应试者对测试素材内容的了解程度以及相关的背景知识都会直接影响考试结果，从而影响分数的整体信度。

1.2.3.3 效应劣势

MC题对语言教学的反拨效应较差。首先，准备这种考试容易导致学生忽视语言的交际性，不能提高学生的语言交际能力。其次，容易导致学生单纯追求解题技巧而忽略了测试题目本身的内容。这种负面的后效作用容易造成题海战术，助长应试教学(刘熠，2004:45)。

1.2.4 现状

第一，主流地位短期内难以改变。多项选择题仍然是国内外大规模英语考试的主要题型之一，而且这一局面在短期内很难改变。其主要原因是，多项选择题确实在命题、施考、评分、统计、分析、题库、管理等方面具有很大优势。可以说，只要是英语测试，不可能没有多项选择题。

第二，命题质量令人担忧。首先，多项选择题的设计要求非常高，要遵循一系列的命题原则，这无疑对多项选择题的设计增加很大难度，对命题者形成巨大挑战。其次，缺乏设计多项选择题的专业人员，更缺乏针对多项选择题设计的专业培训。表面上看，多项选择题的设计人人都会，谈不上专业知识，其实不然。从可持续发展的战略考虑，多项选择题的设计需要更多专业人员，需要更多专业培训。

第三，负面的反拨效应依然长期存在。曹扬波(1998:105)指出，“多项选择题的广泛使用对学生学习英语的态度和方法产生了很大影响。许多学生认为循序渐进的学习是浪费时间，运气才是通过考试的关键，能够根据选项的提示猜出正确答案就足够了。更有许多人把课本抛到一边而沉醉于多项选择的题海之中。在课堂上，他们不愿意训练听和说，认为那是徒劳无益的。他们见到主观性试题就头疼，考前却要求老师专门讲解对付多项选择题的技巧并进行一系列的模拟考试。当然,许多教师也是乐此不疲,致使学生在考试中能得高分但实际运用语言的能力却越来越差。”这种负面的反拨效应大多是多项选择题本身的缺陷造成的,还将长期存在。

第四,研究和创新不够。首先,对多项选择题的研究似乎一直停留在对其本身的解释性研究,缺乏与其他学科和理论相结合的交叉性研究。高淑玲等(2009:158)提出将多项选择题的研究与语篇衔接和关联理论相结合,旨在更准确、更有效地测试出考生的语言运用能力,人们拭目以待。其次,多项选择题的创新不够。目前,人们对多项选择题根深蒂固的印象就是“四选一”,也就是说,选项四个,答案只有一个,而且,选对了给予奖励,选错了没有惩罚。其实,针对不同类型、不同对象、不同领域的测试,完全可以在形式上对多项选择题进行创新性调整,以便更好地发挥其优势。

1.3　小结

首先,本章从历史回顾、主要类型、主要问题和前景展望四个方面对英语测试进行了比较全面的介绍。

随着语言学、教学法、心理学、社会学等与语言测试相关学科的发展,英语测试也得到了广泛、深入和长足的发展。特别是近百年来,人们对英语测试的研究越来越深入和系统,取得了丰硕的成果。

人们从考试目的、考试方法、评分方式不同角度对英语测试进行分类,并加以比较和研究,旨在全面地了解英语测试,从而更好地研究英语测试。

关于英语测试存在的问题,笔者总结出五个主要方面:①试题设计墨守成规;②信度效度难趋完美;③分数解读存在误差;④测试手段过于传统;⑤反拨效应不尽人意。

英语测试尽管存在这样或那样的问题,但人们对英语测试的改革和研究不但不会停滞不前，反而会更加深入，更加具体，更加注重正面反拨效应。现在，我们生活在一个高度信息化的大数据时代，英语测试的发展和研究必然会受到新的挑战，需要以人为本的理念，更需要不断创新的精神。

其次，本章从概述、优势、劣势和现状四个方面重点介绍了英语测试中的多项选择题。

多项选择题是客观测试中应用最广的一种题型，是人们追求测试科学性的产物，给语言测试带来了天翻地覆的变化。尽管多项选择题会有不同的表现形式，如有单选的，也有多选的，但是，人们通常说的多项选择题其实就是“四选一”那种，即选择项只有 A、B、C 和 D 四个，答案只有一个。

多项选择题发展至今，之所以仍然是命题者不可或缺的题型选择，是因为其本身确实具有评分、效度、信度、经济等诸多方面的优势。多项选择题虽然具有多方面的优势，但是劣势也很明显。可以说，多项选择题就如同烫手的山芋，使试题编写人员爱也不能，罢也不能。

关于多项选择题的现状，笔者总结为四个方面：①主流地位短期内难以改变；②命题质量令人担忧；③负面的反拨效应依然长期存在；④研究和创新不够。

本章从英语测试入手，重点介绍了英语测试中的多项选择题，术语繁多，描述详尽，为下面的具体研究作了铺垫。

第 2 章　多项选择题中的猜测因素

2.1　猜测因素是否合理

以多项选择题为主要题型的客观测试之所以受到批评，存在猜测因素是主要原因之一。多项选择题中的猜测因素包括盲目猜测和根据不完全知识猜测。盲目猜测指应试者在不能确定哪一选择项为答案的情况下，盲目选择一选择项为答案。根据不完全知识猜测指应试者在不能确定哪一选择项为答案的情况下，采取排除干扰项的方法选择答案（王振亚，2009:101）。长期以来，人们对猜测因素的合理性持有不同的观点。

2.1.1　正面观点

Heaton（2000:26—27）在谈到客观题的猜测因素时指出，“如果给出 4 个或 5 个选择项，考生单凭猜测把题目做对并不容易。考生在做客观题时，多数不是胡猜，而是根据所掌握的部分知识进行合理的猜测。”言下之意，客观题的猜测因素（实指多项选择题的猜测因素）是在可控范围之内，多数具有合理性。

心理测量学家认为猜测因素无伤大局。首先，他们认为测试的目的是区分应试者。分数本身的高低并不重要,重要的是分数相对于常模或同组的其他分数的位置。靠盲目猜测答题的应试者绝不可能取得好成绩。应试者十分清楚只有知识和能力才是取得好成绩的保证。同时,心理测量学家认为,根据不完全知识猜测和盲目猜测不同。前者是以知识和能力为依据的,只是这种知识和能力本身有欠缺而已。对于这种有欠缺的知识和能力应予以承认和奖励。另外,受猜测因素影响的多项选择题和不受或较少受猜测因素影响的构建答案题测试结果的显著相关性,也说明猜测因素对测试结果的影响很有限,无需神经过敏(王振亚,2009:102)。

2.1.2 反面观点

对多项选择题中的猜测因素持反面观点的大有人在。首先,多项选择题的设计本身客观上避免不了胡乱猜测,而胡乱猜测谈不上任何合理性。其次,根据不完全知识猜测,即排除干扰项的能力,是与语言测试的目标不同的心理结构。这意味着猜测因素会影响多项选择测试的结构效度。这种批评的根据是应试者可以在基本不改变语言运用能力的情况下通过考前培训或练习提高多项选择题的考试分数。

笔者对多项选择题中的猜测因素持反对观点,主要有三个方面的理由。第一,不管是胡乱猜测还是根据不完全知识猜测,都是不合理的,因为猜测本身就是一种投机。第二,多项选择题中猜测因素的量不容忽视。就一道多项选择题来讲,胡乱猜对正确答案的概率高达25%,而就一整份试卷来讲,这种猜测因素会对最终成绩产生不容忽视的影响。第三,猜测被技巧化,不利于语言运用能力的提高,也有失考试的公平和公正。英语考试培训中有这么一个似乎公认的技巧,即"在听力的短对话测试中,选择项中有听到的内容往往不是答案"。既可笑又可悲的是,这个技巧让很多根本听不懂的考生"受益匪浅",因为总体准确率超过了60%,这估计与命题思路和命题习惯有关。

2.2　猜测因素的量化

2.2.1　猜测概率

2.2.1.1　多项单选题的猜测概率

这里所说的多项单选题实指“四选一”多项选择题，即四项单选题，要求考生从四个选择项中选择惟一一个正确答案。正因为这样，其正确答案猜测的概率通常被习惯地公认为 1/4。

陶应奇(2002:67—68)曾经对多项单选题(即常说的“四选一”多项选择题)与多项多选题中猜测正确答案的概率进行了比较。其中，对多项单选题中猜测正确答案的概率是这样描述的：

n 个备选项中，有 m 个正确答案且 m 为已知，设选择题有 n 个选项，其中 m 个正确答案，m 为已知($m \leqslant n$)。平时我们见得最多的是四选一(即 $n=4$，$m=1$)，在此种情形下，应试者猜测正确答案数为 x，x 是一个随机变量，且服从超几何分布：$P(x = k) = C_m^k C_{n-m}^{m-k} C_n^m$，$k = 0, 1, 2, \cdots, m$，有 $EX = m^2/n$，通常的四选一有 $EX = 1/4$。

为了验证多项选择题中盲目猜测正确答案的概率，笔者曾经在班上做过一个实验。先让每个学生在没有任何试题的情况下，随意写出 20 个多项选择题的答案，五个一组，如“ADCDB、BCDBA、DACAD、BCACD”，之后将全部答卷收上来。为了保证数据统计的质量，有必要剔除当中“不太真实”的答卷，如全选 A、B、C 或 D 的，或者某一组全选 A、B、C 或 D 的，等等。接着，从这些答卷中任意挑一份作为正确答案，进行批改，记录好每个学生的成绩。然后，重复做几次，每次都记录好成绩。最后，对 5 次记录下的成绩进行统计，结果如下：

表 2-1 盲目猜测的得分统计

次数	最高分	最低分	16—20 分人数	10—15 分人数	5—10 分人数	0—5 分人数	平均得分
1	11	1	0	3	17	38	4.14
2	8	1	0	0	12	46	3.92
3	10	2	0	2	11	45	4.06
4	13	1	0	4	24	30	4.15
5	10	1	0	3	15	40	5.58
均值	10.4（占总分 52%）	1.2（占总分 6%）	0（占全班 0%）	2.4（占全班 4.14%）	15.8（占全班 27.24%）	39.8（占全班 68.62%）	4.37

从表 2-1 可以看出，五次成绩平均得分的均值为 4.37，与 20 道多项选择题的概率得分 5 很接近，说明盲目猜测的结果从整体上“很不理想”，属意料之中。但是，10—15 分人数平均占全班人数 4.14%，说明“运气好”的学生还是“大有人在”；另外，5—10 分人数平均占全班人数 27.24%，接近三分之一的学生的得分大大高于概率得分 5，说明盲目猜测在多项选择题测试中的影响不容忽视。

为了更加方便、更加直观地了解四项单选题中盲目猜测正确答案的概率统计情况，笔者利用 Excel 做了一个统计模板。

表 2-2 包含两个主要区域：①随机盲目答题区域（A1：V101）；②结果统计区域（A103：AC114）。

B1：U1 是 20 个预先给定的答案，用数值表示。V1：V101 显示答对的个数（表中对 A13：V90 区域进行了隐藏），用 SUMPRODUCT 函数表达，如 V1＝SUMPRODUCT(N(B1：U1＝B1：U1))，V2＝SUMPRODUCT(N(B2：U2＝B1：U1))，V101＝SUMPRODUCT(N(B101：U101＝B1：U1))。B2：U100 是 100

表 2 - 2　四项单选题中盲目猜测正确答案的概率统计(1)

	A	B	C	D	E	F	G	H	I	J	K	L	M	N	O	P	Q	R	S	T	U	V	W	X	Y	Z	AA	AB	AC
1	Key	A	B	B	B	C	D	C	D	B	C	A	D	A	A	C	C	B	D	D	A	20							
2	1	C	A	C	B	A	A	A	A	A	D	B	A	A	A	A	A	C	D	D	A	6							
3	2	B	A	D	D	B	D	C	C	D	A	B	A	C	A	A	A	D	A	A	C	3							
4	3	D	B	B	B	D	C	D	B	A	A	A	B	C	D	B	A	C	B	A	C	4							
5	4	B	B	C	D	A	A	A	B	B	C	A	A	B	D	A	A	C	A	C	A	5							
6	5	C	D	C	D	B	D	D	B	D	C	D	A	A	A	B	C	B	D	B	A	8							
7	6	A	A	B	B	D	A	A	B	D	A	A	C	B	A	D	B	B	A	C	D	6							
8	7	B	A	D	C	C	B	A	D	A	B	A	B	D	C	D	D	D	C	B	B	3							
9	8	C	A	A	A	D	B	A	A	B	A	A	C	A	D	B	B	D	C	C	C	3							
10	9	B	C	D	B	D	D	C	A	C	B	B	A	B	B	B	C	D	A	B	B	4							
11	10	D	C	B	D	D	A	D	B	B	B	B	D	B	B	C	A	B	A	C	C	5							
12	11	C	C	B	A	C	B	A	A	C	B	A	A	B	C	A	D	C	B	D	C	4							
91	90	B	A	A	A	D	B	C	A	C	D	C	D	C	C	A	B	A	D	A	A	4							
92	91	A	A	A	D	B	C	A	C	C	C	B	C	B	A	D	C	A	B	D	B	5							
93	92	C	A	A	C	B	A	A	C	A	C	A	C	A	D	A	C	D	C	A	C	4							
94	93	D	C	C	B	A	A	A	B	A	C	A	A	C	A	B	C	A	B	A	A	6							
95	94	A	D	B	A	C	A	A	A	D	A	C	A	A	A	B	B	B	A	A	C	6							
96	95	B	A	D	A	A	D	D	B	A	B	A	A	A	A	B	D	B	C	A	C	5							
97	96	A	D	D	C	D	A	A	C	B	D	C	D	A	A	A	B	D	C	A	D	5							
98	97	B	D	D	D	B	B	A	B	C	A	A	D	B	A	B	A	C	A	A	C	3							
99	98	B	C	C	C	B	B	C	A	A	A	D	B	A	B	B	A	C	B	D	C	3							
100	99	D	D	B	A	C	B	C	D	C	A	A	B	A	B	D	B	C	A	C	B	6							
101	100	D	A	D	C	C	A	A	A	A	B	A	A	A	C	A	A	A	C	A	A	4							
102																													
103		MAX	MIN	0	1	2	3	4	5	6	7	8	9	10	11	12	13	14	15	16	17	18	19	20	0-3	4-6	3-7	8-11	12-20
104		10	1	0	2	6	19	24	18	14	5	11	0	1	0	0	0	0	0	0	0	0	0	0	8	56	80	12	0
105		11	1	0	1	2	13	21	19	23	11	5	1	3	1	0	0	0	0	0	0	0	0	0	3	63	87	10	0
106		10	0	3	0	8	19	17	23	11	13	3	2	1	0	0	0	0	0	0	0	0	0	0	11	51	83	6	0
107		11	1	0	1	6	11	20	21	18	13	4	3	2	1	0	0	0	0	0	0	0	0	0	7	59	83	10	0
108		9	1	0	6	9	7	14	13	20	16	11	4	0	0	0	0	0	0	0	0	0	0	0	15	47	70	15	0
109		11	1	0	3	6	10	23	10	16	15	10	5	1	1	0	0	0	0	0	0	0	0	0	9	49	74	17	0
110		9	1	0	4	4	9	21	24	18	12	6	2	0	0	0	0	0	0	0	0	0	0	0	8	63	84	8	0
111		10	1	0	1	9	11	23	24	16	9	4	2	1	0	0	0	0	0	0	0	0	0	0	10	63	83	7	0
112		10	0	1	2	10	16	19	17	11	14	7	2	1	0	0	0	0	0	0	0	0	0	0	13	47	77	10	0
113		10	1	0	6	7	13	23	19	16	11	4	0	1	0	0	0	0	0	0	0	0	0	0	13	58	82	5	0
114	Average	10	0.8	0.4	2.6	6.7	13	21	19	16	12	6.5	2.1	1.1	0.3	0	0	0	0	0	0	0	0	0	9.7	56	80	10	0

个“考生”随机盲目答题区，每个单元格用 RAND 函数表达，只要点击一下任何行或列之间的分割线，该区域的所有数据都会随机更新，如点击一下 B 列和 C 列之间的分割线，就出现表 2 - 3 的结果。

表 2 - 3　四项单选题中盲目猜测正确答案的概率统计(2)

	A	B	C	D	E	F	G	H	I	J	K	L	M	N	O	P	Q	R	S	T	U	V	W	X	Y	Z	AA	AB	AC
1	Key	A	B	B	B	C	D	C	D	B	C	A	D	A	A	C	C	B	D	D	A	20							
2	1	D	A	D	C	A	B	D	A	B	B	A	A	C	A	C	C	C	B	C	D	5							
3	2	A	C	D	A	A	A	A	A	D	B	D	D	D	D	B	A	A	A	D	A	4							
4	3	B	B	B	D	C	A	B	D	D	A	A	D	D	D	B	A	D	B	B	A	7							
5	4	D	B	C	A	D	A	A	D	A	C	A	A	D	B	A	D	B	A	C	B	5							
6	5	C	A	A	B	A	B	A	A	A	A	B	A	C	B	C	B	D	A	C	B	2							
7	6	A	C	A	C	B	C	A	A	A	B	A	D	C	A	A	C	A	A	A	A	6							
8	7	A	B	A	A	C	C	B	C	B	C	C	A	B	C	A	B	C	A	A	B	5							
9	8	A	B	A	B	D	A	B	D	A	A	A	C	D	D	C	A	A	B	D	A	8							
10	9	B	A	B	A	C	C	A	C	D	C	A	C	C	A	B	A	B	A	B	A	7							
11	10	A	B	C	B	A	D	A	A	A	B	B	A	C	A	A	A	D	D	C	C	6							
12	11	A	C	C	B	C	C	A	C	A	D	C	A	C	D	C	D	A	A	D	C	5							
91	90	A	C	B	A	A	C	C	B	C	A	A	B	C	A	B	D	C	C	B	B	5							
92	91	D	B	B	D	C	B	A	A	C	A	B	A	A	B	C	A	C	A	A	A	6							
93	92	D	A	C	B	A	A	B	D	A	A	A	A	C	B	A	D	B	D	A	C	5							
94	93	B	A	B	A	A	C	D	D	D	A	B	A	C	A	D	A	C	C	C	D	3							
95	94	B	A	C	C	B	D	D	A	B	B	A	D	A	B	D	A	A	B	C	A	6							
96	95	A	C	A	B	D	A	A	D	C	D	B	A	C	A	B	A	D	A	C	A	5							
97	96	A	A	B	D	C	A	B	C	A	A	D	C	A	B	C	B	A	A	D	A	7							
98	97	B	B	D	A	B	D	A	D	D	D	D	A	C	A	B	A	B	A	A	A	6							
99	98	D	A	D	C	A	D	A	D	C	A	A	A	B	B	B	D	A	A	D	C	4							
100	99	B	A	A	A	A	C	C	A	A	A	D	A	A	A	C	C	D	B	B	A	6							
101	100	C	B	A	A	B	D	A	D	C	B	A	B	A	B	C	A	D	B	B	D	6							
102																													
103		MAX	MIN	0	1	2	3	4	5	6	7	8	9	10	11	12	13	14	15	16	17	18	19	20	0-3	4-6	3-7	8-11	12-20
104		11	1	0	4	5	10	17	18	19	15	5	5	1	1	0	0	0	0	0	0	0	0	0	9	54	79	12	0
105		11	1	0	1	2	13	21	19	23	11	5	1	3	1	0	0	0	0	0	0	0	0	0	3	63	87	10	0
106		10	0	3	0	8	19	17	23	11	13	3	2	1	0	0	0	0	0	0	0	0	0	0	11	51	83	6	0
107		11	1	0	1	6	11	20	21	18	13	4	3	2	1	0	0	0	0	0	0	0	0	0	7	59	83	10	0
108		9	1	0	6	9	7	14	13	20	16	11	4	0	0	0	0	0	0	0	0	0	0	0	15	47	70	15	0
109		11	1	0	3	6	10	23	10	16	15	10	5	1	1	0	0	0	0	0	0	0	0	0	9	49	74	17	0
110		9	1	0	4	4	9	21	24	18	12	6	2	0	0	0	0	0	0	0	0	0	0	0	8	63	84	8	0
111		10	1	0	1	9	11	23	24	18	9	4	2	1	0	0	0	0	0	0	0	0	0	0	10	63	83	7	0
112		10	0	1	2	10	16	19	17	11	14	7	2	1	0	0	0	0	0	0	0	0	0	0	13	47	77	10	0
113		10	1	0	6	7	13	23	19	16	11	4	0	1	0	0	0	0	0	0	0	0	0	0	13	58	82	5	0
114	Average	10	0.8	0.4	2.8	6.6	12	20	19	17	13	5.9	2.6	1.1	0.4	0	0	0	0	0	0	0	0	0	9.8	55	80	10	0

B104:AC104 中的数据也是随机变化的。B104＝MAX(V2:V101),C104＝MIN(V2:V101)。D104:AC104 对不同分数段的人数进行统计,如 H104＝COUNTIF(V2:V101,4),Z104＝SUM(H104:J104)。B105:AC113 是 9 次随机数据的数值,可以任意插入行进行添加,数据越多,统计结果越有说服力。B114:AC114 是 10 次随机数据的平均值,如 B114＝AVERAGE(B104:B113)。

该模板中的核心数据就是 B114:AC114 中随机数据的平均值。从表 2-3 中可以看出以下几个重要的信息:

(1)最高分可达 11 分,平均值为 10,大略有 1.5%的“中奖”概率;

(2)最低分不是 0 分就是 1 分,但得 0 分的只占约 0.4%,而得 1 分的占 2.8%,说明只要瞎猜就能得分;

(3)得 12 分以上的人数为 0,说明猜测本身是有难度的;

(4)得分相对集中在 4 分、5 分、6 分,分别占 20%、19%、17%,都接近常规概率 25%;

(5)得分在 4～6 的占 55%,得分在 3～7 的占 80%,充分说明猜测因素的存在可谓“触目惊心”。

2.2.1.2 多项多选题的猜测概率

关于多项多选题的猜测概率,陶应奇(2002:67－68)是这么描述的:

n 个备选项中,有 m 项正确且 m 为已知。在 n 个备选答案中,正确答案数为 m,且 m 在 a 与 b 之间($0 \leqslant a \leqslant m \leqslant b \leqslant n$),要求选出 m 个正确答案。通常情况下,见得最多的是多项选择,比如四项选择中,至少有两个选项是正确的(此时,$m = 2,3,4$,$n = 4$, $a = 2$, $b = 4$),这种选择题中的概率(猜测正确的概率)是:设 y 为随机选择答案数,则 y 是一个随机变量,其中正确答案数 x 也是一个随机变量,y 的概率分布为:

$$P(y=r)=C_n^r/\sum_{i=8}^{b}C_n^i 1/(b-a+1),r=a,a+1,\cdots,b$$

$y=r$ 条件下 x 的条件分布为：

$P(x=k/y=r)=C_m^k C_{n-m}^{r-k} C_n^r,k=0,1,\cdots,l,l=min(m,r)$

因而可得 x 与 y 的联合分布：

$P\{x=k,y=r\}=C_m^k C_{n-m}^{r-k}/\sum_{i=8}^{b}C_n^i,r=a,a+1,\cdots,b,k=0,1,\cdots,l,l=min(m,r)$

特别地，P｛全部选择正确而未发生误选｝$=P\{x=m,y=m\}=1/\sum_{i=8}^{b}C_n^i$，通常情况下的多项选择（在此用四个选项中至少有两个正确为例）猜测正确的概率为：

$$P\{x=m,y=m\}=1/\sum_{i=8}^{b}C_n^i=1/11$$

可以看出，多项多选题的猜测概率比多项单选题的猜测概率要小得多，大概是 1 比 2.75。

季中文（2013：151）根据自己执业资格考试的应考经验以及对历年考题的分析，运用客观概率法和主观概率法进行量化研究，建议"一定要慎用感觉猜测法"，并得出"宁缺勿滥"的结论。其研究的题型是多项选择题中常用的形式之一：共 24 题，每题 2 分。每题的备选项中，有 2 个或 2 个以上符合题意，至少一个错误。错项，本题不得分；少选，所选的每个选项得 0.5 分。其研究重点是选二项、选三项或选四项的三种情况，因为"每题提供 A、B、C、D、E 五个选项，有六种答题的可能，分别是：不选、选一项、选两项、选三项、选四项、选五项。根据答题要求，不选、选一项、选五项均不能得分，这三种选择没有实际意义，而可能得分的是选二项、选三项、选四项。根据答题的正确情况，可能不得分或者得 1 分、1.5 分、2 分。"其研究表明，选二项正确答案的客观概率大于选三项正确答案的客观概率，并远远大于选四项正确答案的客观概率。可见，多项多选题中盲目猜测正确答案的概率明显减少，直接原因就是：答案不止一个。

2.2.2 猜测误差

孙惠超(2003:131)指出，在多项选择题中因为猜测产生的误差有两方面：猜与不猜的误差；猜对与猜错的误差。鉴于考生在绝大多数情况下，不会也可以猜，这样，第一种误差所带来的差别会很小，几乎忽略不计。最主要的是第二种误差，猜错和猜对相差很大，具体会体现在三种主要的多项选择题中：①只有一个正确答案，选对给分，选错不扣分；②有一个以上正确答案，全部选对给分，没有全部选对不给分，但不扣分；③有一个以上正确答案，每个选项有正分或负分。

2.3 对测试结果的影响

就像任何一种测试题型都不会十全十美一样，多项选择题也会有这样那样的不足之处。对多项选择题来讲，猜测因素的存在是一个不可忽视的弱点。多项选择题测试中的猜测包括盲目猜测和根据不完全知识排除干扰项的猜测，不管哪种猜测，都会不同程度地给测试结果增加“水分”，降低测试的区分度。多项选择题设计的初衷是鼓励猜测的，但鼓励的并不是盲目猜测。实际上，只要多项选择题默认和鼓励猜测，这种客观测试就肯定比主观测试存在更多的“运气”成分。

为了提高盲目猜测的成功率，在测试中更好地发挥“死题复活”的作用，笔者曾经向考生推荐一个合理利用猜测手段的有效办法：在听力或完形填空等多项选择题测试中，先将有把握的选出来，其他没把握的“死题”则全部选有把握的选项中最少选的那一项。值得一提的是，考生成绩越好，这种方法越管用，因为对这些考生来讲，有把握选项的准确率会更高些，而没把握的题越有可能成为“死题”，其“复活”的概率自然会高些。

考试中借助盲目猜测通过考试的例子并不鲜见。在大学英语四六级考试的监考中会经常见到这样的情形:有的考生在放听力时根本就不戴耳机,通过盲目猜测一通胡选之后直接往下做题;有的在完形填空来不及做的情况下也是采取盲目猜测的办法。正是依靠这种盲目猜测,不少考生竟然“顺利过关”。有位准备考艺术类研究生的学生英语基础很差,临近考试有人给他出了个主意:抓住主观题,放弃客观题!该生考前拼命背大、小作文的优秀范文,认真研读历年真题的翻译解析,熟悉与翻译有关的常考句型,考试中把重点放在翻译、写作两道主观题,客观题则以盲目猜测为主。考试结果居然达到所要求的分数线。

李迎旭(2012:205)提到,据参加评阅 1994 年硕士学位研究生英语考卷的一些教师反映,有些学生英语水平很差,运用型(英译汉、作文)和半运用型(指出错误)试题做得很糟。总计 35 分的运用型题只能得到 5 分甚至零分,而选择题(三大项共 65 分)却得了 30 分甚至还多。有些考生做第一大题 C 部分(20 题 10 分)时,采用抽签办法判断正确答案或一律选择答案 A 竟然得了 3 分,而大多数学生也只得 5~6 分,少数考得好的学生也不过得 8 分左右。这样即使英语极差的学生用“打概率”分的办法也能得 1/4 左右的分数,而有些英语基础较好的学生其得分却不一定高多少。按百分计算,其中以“打概率”分的办法得到的 25 分,就连任何一个不懂外语的人也能得到此分数,而从卷面上我们又很难判断哪些分数是靠能力得来的,哪些分数是靠猜测得到的。靠“蒙”得分的办法无疑给我们本该严肃、严谨的考试开了一个玩笑。然而此“玩笑”足已证明多项选择题对学生学习态度的负面影响。当然,除多项选择题以外的其他测试方法也含有猜测的因素,但猜测程度毕竟比多项选择题形式少得多。这里需要指出的是:哪里过分强调多项选择题的优越性,哪里就潜伏着违背教学大纲,不利于英语教学的隐患。多项选择这项测试手段对进一步提高学生语言运用能力方面不能称之为一种最佳的测试方法。

有人会说，上面的例子显得过于极端，毕竟是少数。但是，猜测因素只要存在就会影响考试的公平。这么多年下来，多项选择题之所以深受考生的“青睐”，就是因为在多项选择题这种客观测试中，猜测依然是考生能顺手抓住的那根“救命稻草”。

2.4 小结

本章从合理性、量化方法和对测试结果的影响三个方面对多项选择题中的猜测因素进行了单独的探讨。

第一，猜测因素是否合理。以多项选择题为主要题型的客观测试之所以受到批评，存在猜测因素是主要原因之一。多项选择题中的猜测因素包括盲目猜测和根据不完全知识猜测。长期以来，人们对猜测因素的合理性持有不同的观点。持正面观点人士认为，客观题的猜测因素是在可控范围之内，多数具有合理性，因而无伤大局。但是，对多项选择题中的猜测因素持反面观点的大有人在。首先，多项选择题的设计本身客观上避免不了胡乱猜测，而胡乱猜测谈不上任何合理性。其次，根据不完全知识猜测，即排除干扰项的能力，是与语言测试的目标不同的心理结构。这意味着猜测因素会影响多项选择测试的结构效度。这种批评的根据是应试者可以在基本不改变语言运用能力的情况下通过考前培训或练习提高多项选择题的考试分数。

第二，猜测因素的量化。本章通过数学推导、实例验证、模板统计三个方面对猜测概率进行了分析和研究，证实了猜测因素的客观存在。多项单选题盲目猜测正确答案的概率比较高，通常接近25%，而多项多选题盲目猜测正确答案的概率明显降低。

第三，对测试结果的影响。对多项选择题来讲，猜测因素的存在是一个不可忽视的弱点。多项选择题测试中的猜测包括盲目猜测和根据不完全知识排除干扰项的猜测，不管哪种猜测，都会不同程度地给测试结果增加“水分”，降低测试的区分度。多项选择题设计的初衷是鼓励猜测的，但鼓励的并不是盲目猜测。实际上，只要多项选择题默认和鼓励猜测，这种客观测试就肯定比主观测试存在更多的“运气”成分。

本章研究的主要目的在于：一方面强调多项选择题中猜测因素的客观存在；另一方面证实，在限制猜测因素方面，多选题（不止一个答案）比单选题（只有一个答案）更加具有优势。

第3章　在英语测试中推出“多选奖惩法”

3.1　研究背景

3.1.1　多项选择题的研究现状

3.1.1.1　四项单选题为主

目前，有关多项选择题的研究绝大多数针对四项单选题，即传统的“四选一”题型。其实，多项选择题至少有多项单选和多项多选之分，两者的主要区别在于答案的数量，前者只有一个，后者有一个以上（包括一个）。那么，为什么人们对多项多选题研究不多呢？我想大概有以下几个方面的原因：

第一，四项单选题一直是主流。纵观多项选择题的发展历程，无论是实践和应用，还是分析和研究，四项单选题一直广受青睐。这不仅仅是习惯的原因，其主因还是多项选择题的设计和定位从一开始就倾向于四项单选题了。

第二，四项单选题已经产业化。尽管人们对四项单选题怨声载道，但是该题型能在国内外大大小小的英语测试中顽强地生存下来，主要原因之一是四项单选题已经产业化。既然能跻身产业，肯定具有多方面的优势，如设计思路和套路已经成熟，题库数量和质量逐步提升，统计分析更加便捷与科学，经济效益越来越明显等等。

第三，多项多选题的研究不够。首先，多项多选题的设计难度较大，因为答案数量的增加意味着：素材选择难度加大；各选项之间的关系更加复杂；正确选项的设计更具挑战性。其次，多项多选题考试结果的统计分析难度很大，一是本身难度就大，二是相关研究和手段远远滞后于四项单选题。

3.1.1.2　徘徊于优势和劣势的比较研究

自从多项选择题问世以来，人们对其所开展的研究就一直不断，但多数仍然徘徊于优势和劣势的比较。优势就那么几条，劣势还是那么几点。虽然给人们的印象是批评声音高一些，但比较来比较去的结果是，人们对到底是优还是劣已经麻木，更何况多项选择题的存续是摆在大家面前的事实。

3.1.1.3　改革与创新的力度不够

首先，对解决问题的方法研究不够。譬如，多项选择题在测试语言运用能力方面存在缺陷，但如何解决这个问题呢？虽然问题提出来了，但真正深入研究如何解决问题的却太少。

其次，没有改革动力。任何改革都需要一定的动力，可是对多项选择题的改革恰恰缺乏动力。一是看不到明显的收效，似乎问题的存在是该题型与生俱来的，改与不改已经不重要。二是担心扰乱“来之不易”的大好局面，因为任何改革都会“伤筋动骨”。

最后，缺乏创新意识。创新意识在很大程度上源自个人的研究兴趣。目前，多项选择题依然非常流行，似乎已经被人们接受，而在这种“大势所趋”的形势下，针对该题型的创新难上加难，更何况，个人对该题型的研究兴趣能有几何？创新意识谈何容易。

3.1.2　沿用四项单选题是种妥协

3.1.2.1　存在弊病毋庸置疑

早在 20 世纪 80 年代，清华大学外语系原主任程慕胜教授就对多项选择题(即四项单选题)做了细致的研究,多次撰文列举该题型的种种弊病。她指出(程慕胜,2006:23),“20 世纪 70 年代末,TOEFL 考试从美国引进我国,在“拿来主义”、“新的就是好的”、“舶来品就是好”的思潮影响下,TOEFL 考题(即多项选择题)就逐渐在我国英语教学中占领极大阵地,结果很多大学生和部分英语教师,对这类考试与英语的教和学之间的关系产生了模糊认识,错误地以为学生通过多项选择题考试取得好成绩,就证明其英语水平过了关。其实,这种看法十分片面,很不利于学生真正学好英语。这类题型所固有的缺点和局限,从一开始就暴露无遗,现在这已渐渐成为越来越多英语教师的共识。”程慕胜教授把多项选择题的主要弊病归纳为以下五个方面,力证多项选择题弊病的客观存在。

第一,对外语学习的要求十分片面。根本不测试学生的说、写、译等能力,至于所测试的听、阅读能力,也仅仅测验了学生能否从所提供的四个选择项中设法选出一个正确的答案。

第二,培养学生的应试能力有余,而培养语言的实际能力不足。应当指出,让学生从四个选择项中选出正确的答案并不等于获得了运用语言的能力,而离实际运用语言还有相当距离。考生要选出正确的答案并非难事,即使他对原文并不理解,也可以用各种技巧、窍门设法达到目的,反正正确答案不外这四个选择项。但是,如果用同一套试题让学生做两次,第一次每一题给选择项,第二次不给任何选择项,而让考生根据自己的理解写出答案,他往往写不出或完全写错。因此,第二次所得考分比第一次考分降低了许多。有几个学校进行了这类对比考试,结果都是如此。

第三,缺乏考试的可靠性。学生即使把句子意思理解错了,甚至于根本看不懂意思,也可以把题答对,以下面的语法结构题为例:

He doesn't strike me as a person who gets angry hastily, but
A B

rather one who is quick to defend himself.
C D

教学中就此试题我问一个学生哪一项是错的，学生很快就回答“C 错了，应该改为 as one”，这样回答是对的。接着，我让他把该句译成汉语，翻译的结果是“他不像一个火气大的人那样揍我，而像一个善于自卫的人那样揍我”。这是一个大错。试题的答案是给他蒙对了，但意思却完全理解错了，这样的学习对学好英语又有何帮助？本句的意思应是“在我印象中，他并不是一个火气大的人，而是个善于自卫者。”类似的例子不胜枚举。多项选择题中具有猜蒙投机的成分，就使这类考题的可靠性即考试信度大打折扣。

第四，违反教育心理学原则。在语法结构选择题中，答案是“三个错，一个对”的布局，而且正确答案往往是 C 或者是 D，这就等于迫使学生看到大量错误的语法结构，脑海中本来不存在的错误反而被灌了进去。从心理学的角度来看，往学生的脑海中灌输错误的东西，只能是帮倒忙。我们认为与其故意让学生看错误的东西弄得他们莫衷一是，倒不如让学生多看一些正确的东西，从正面受益更好。

第五，助长学生的投机心里，与树立严谨、刻苦、求实的优良学风背道而驰。如果学生在规定时间内难以做完试题，或不知正确答案，老师往往鼓励学生任意选答案，甚至于连一个单词都不用看，所有题目都选 C 或者都选 D，因为很多人发现往往正确答案不是 C 就是 D。这种不懂装懂、瞎蒙乱猜的学习态度实在危害不浅，应予否定。

3.1.2.2　改革呼声一直不断

对四项单选题进行改革是教学的需要，是适应教学理论和方法不断发展的需要。

王枫林(2002:200)指出，教学与测试的关系非常密切，两者之间相互依靠，相互影响。教学必须满足社会的需要。随着社会政治、经济、科学和文化的发展，教学也要不断地发展使其与社会的发展相适应，因而，教学内容和教学方法必须随之不断地改革，测试内容和方法也必须不断地改进使之与教学的需要保持一致。外语测试的重要目的就是评估教学质量和学习效果,从中得到反馈信息。对学生来说,能从中及时了解自己的学习情况,肯定成绩,提高学习兴趣,找出不足加以补救。对教师来说,能对教学有一个正确的了解,为调整教学进度、确定教学重点、选用教学方法提供依据。

教学与测试都有各自的理论和方法,而两者在理论和实践方面都是紧密结合在一起的。回顾外语教学的历史,可以看出外语教学思想的转变对于测试方法的变革起了根本的推动作用。譬如,目前流行的多项选择题不利于考生语言运用能力的培养,所以,为了适应以培养交际能力为目标的教学理论和方法,有针对性地探讨交际测试(毛云,2001:113—116)就完全可以理解了。

肖云南、罗晓英(2002:294)指出,“我国大型英语测试中存在的几个根本问题:测试内容、测试题型、测试的反拨作用、题型多样化及考试的规范化。以多项选择题为主导的英语测试缺少结构效度,不能有效测量考生的英语水平,且对教学产生不良反拨作用。在无法改变教师和考生应试心态的情况下,测试设计者应考虑将试题多样化,尽量采用考查语言运用能力的题型,在大型英语测试中设立口语水平测试。”譬如,完形填空可改为语言运用型的试题,不给空白处提供选项,而是提供正确答案的第一个字母或词根。这样设计的试题答案是唯一的,优点很多。考生必须读懂上下文且知道正确词形才能得分,这是剑桥大学考试中心采用的试题形式,比多项选择题能更有效地避免非语言运用因素。而现有的提供四个选项的完形填空是词汇、语法多项选择题的另一种形式,即上下文更详细的形式,考生可以一个一个地试填选择项,猜测最可能的选项。

事实上,这些年我国的大学英语考试一直在尝试改革,增加了主观题的比重,取消并增加了一些题型。改革归改革,多项选择题依然顽强地“坚守阵地”。

3.1.2.3　沿用至今是种妥协

多项选择题之所以沿用至今，虽然涉及多方面的因素，但是来自各方面的妥协是主因。

首先是来自教学第一线的妥协。王宏玉(2008:128)指出，多项选择题型测试手段在当今第二语言教育研究理论体系，在外语教学测试和评估体系中，经过长期和国内外规模化考试的广泛使用并检验，普遍被接受。这种测试方式在测试者和被测试者面前最大限度地显示了客观、公平和公正。它的测试结果明显，便于教师和学生及时发现外语学习过程中出现的问题，尤其是机读卡判卷既易于评分又能让教师摆脱繁重的书面评判的劳动，节省出大量时间和精力得以搞教学研究和课堂准备。

其次是来自管理层的妥协。肖云南、罗晓英(2002:297)曾一针见血地指出，“英语四、六级考试的听力部分没有采用听写不是由于听写的评分难度问题，而是有关部门和人士满足于现状，不对听写评分做深入研究，以最省力、最经济的办法获得最大的效益和利益。如果他们像文秋芳等人研究口语测试那样探讨四、六级考试题型的合理化，多项选择题就不至于多年来在试卷中占绝对地位，四、六级考试研究就不会只停留在信度和正态分布这类基本问题上，因为多项选择题的信度早已有论证，几十万乃至百万人参考的测试成绩呈正态分布也不是什么了不起的结果。”事实上，流行多年的题型、习惯的施考模式、传统的分数报道和统计分析办法，以及难以割舍的利益链条都会驱使相关管理层对多项选择题做出妥协。

3.2　定义及其要点

3.2.1　定义

长期以来，以“四选一”为主的多项选择题因其具有客观性强、命题面广、便于统计等优点而被广泛应用于各种英语测试中。尽管如此，该题型一直存在争议，受到的质疑和批评有增无减，其中存在猜测因素是主要原因之一。为了有效限制多项选择题中的猜测因素，极大限度地发挥其客观性强的优势，笔者推出“多选奖惩法”的测试新方法，并作如下定义：

多选奖惩法，是用于多项选择题的一种测试方法，正确选项和错误选项在数量上没有限制，且每个选项被赋予一定的正分值或负分值；采用多选奖惩法设计的多项选择题叫做多项多选奖惩题。

从定义中可以看出：多选奖惩法的应用对象是多项选择题，这类题型具有多项选择题的一般特征；该方法是针对传统多项选择题所进行的改革与创新，在设计思路、评分办法、做题要求等方面都有自己的特色。

3.2.2 要点

3.2.2.1 设计思路的变革

根据评分特点，我们可以把目前多项选择题的测试方法称为“四项单选奖励法”，也可以将这一类型的题称作“四项单选奖励题”。由于选中干扰项不扣分，客观上给考生留下猜测的自由，势必有损考试的公平。为了限制这种“单选奖励法”中的猜测因素，笔者推出“多选奖惩法”，利用惩罚手段限制多项选择题测试中的猜测因素。“多选奖惩法”有两个主要特点：一是正确选项的数目不定；二是选中错误选项要扣分。

第一，从单选到多选。传统的多项选择题只要求考生选择一个正确答案，而“多选奖惩法”对正确答案的数量没有限制。表面上看，这种变化只是增加了测试知识点，加大了考试选择的难度，似乎由于答案数量增加而助长猜测答题，其实不然。

第二，从奖励到奖惩。传统的“单选奖励法”只奖不惩，无法回避自由猜测，而“多选奖惩法”改变设计思路，奖惩结合，利用扣分的办法限制猜测的自由。基于“多选奖惩法”的试题选项中，正确答案可有可无，可以是一项，可以是多项，还可以全部都是；反过来，非正确答案也可有可无，可以是一项，可以是多项，还可以全部都是。这样，每个选项都可能成为扣分的对象，选中正确答案的概率无法用传统的方法去量化，很大程度上限制了自由猜测。

3.2.2.2　选项数量的选定

从理论上讲，多项选择题的选择项数量只要大于一个就符合要求了。传统的多项选择题有四个选择项，即一个答案项，三个干扰项。三个选项的多项选择题很常见，而两个选项的多项选择题就很少见了，因为这种题型与是非判断题没有多大区别。那么，在“多选奖惩法”中，选项应该是多少比较合适呢？一般来说，在“多选奖惩法”中，选项的合适数量应该是三至五个。

另外，试题中正确选项的总数量与错误选项的总数量可以相等，也可以不等，这样，命题者可以通过增加（减少）正确选项的总数量来降低（提高）试题的难度。

在“多选奖惩法”的实践中，笔者发现选择项为五个比较适宜，这样，既可以增加测试知识点的总量，从而更全面地反映考生的实际水平，还可以增加试题设计的灵活性，满足不同需求。所以，本书研究的“多选奖惩法”实际上就是以“五项多选奖惩法”为主，而这类题型也可以称作“五项多选奖惩题”。

3.2.2.3　奖惩分值的细化

在“多选奖惩法”中，给选择项赋予一定分值，而且分值有正有负，这是限制猜测因素的利器。为了考试的公平与公正，也为了真实反映考生的实际水平，“多选奖惩法”对各选择项的分值进行细化。在“多选奖惩法”的试题设计中，不是简单地给正确选项正 1 分，给错误选项负 1 分，而是根据各选项在本题中的选择难度而赋予不同的分值，也就是说，答案项之间存在分值差异，干扰项之间也存在分值差异。

3.3 深入研究

3.3.1 命题要求

3.3.1.1 “四项单选奖励法”的命题要求

人们针对“四项单选奖励题”（即传统的多项选择题）的命题做了大量研究，总结出了很多方法和原则。

张彤和杨德宏（2008：109－110）提出了三个命题原则：

第一，尽量避免题干与选择项重复使用同一个词或短语；

第二，尽量保持选择项之间的相似性；

第三，注意选择项与题干的相容性。

而王宏玉（2008）将这类题型的命题原则细化为八个方面：

第一，题干要有完整的意义，尽可能包含多的信息，但与题干和测试目标无关的除外；

第二，除非出于测试目的需要，一般题干中不用否定式；

第三，干扰项要尽量选择相似或相近的，不要有明显的提示或明显的错误；

第四，全部的选项应与题干保持语法上的一致性；

第五，一个题目只应有一个正确或鲜明的权威答案；

第六，题干中表达语言情境的内容既要新颖又不要远离正常的学习生活实践；

第七，少用“以上都不对”或“以上全对”的选项；

第八，如果选用其他题型更合适，就放弃多项选择题。

3.3.1.2 “五项多选奖惩法”的命题要求

在命题上，“五项多选奖惩法”可以参照“四项单选奖励法”的许多方面，但本身对命题也有一些特别要求。

第一，选项数量首选五个，但也可以根据情况改为四个或三个。譬如，在听力的短对话中，可以采用“三项多选奖惩法”题型，一方面可以减少命题难度，另一方面可以在不影响测试效果的情况下，减少选择项的阅读量，从而减轻考生的压力。

第二，选项的分值不但有正负之分，而且一定要细化。选项的分值有正负之分是为了有效限制猜测因素，提高测试的信度，而对分值的细化是为了提高测试的效度，更全面地测试出应试者的水平。为了评分和统计方便，分值最好是整数。需要特别说明的是，为了限制盲目猜测，每题五个选项分值之和最好是负值。但是，有时候为了测试更多的知识点，正确选项会超过三项，这样一来会出现五个选项分值之和是正值，若是应试者把这道题给蒙对了，可就“赚”了。因此，掌握一个原则：某一大题里面（至少整份试卷中）所有选项分值之和必须是负值。

第三，注意答案项与干扰项的总体比例。也许，在某一道题的设计中，答案项与干扰项的比例因为受到内容的限制而不太好控制。但是，为了试卷的整体难度，可以适当调整答案项与干扰项的总体比例。另外，从理论上讲，一道题中答案项和干扰项的数量都可以为 0，但是，通常的做法是，一道题中答案项至少 1 个，而且，要对答案项和干扰项的分值进行合理的细化，否则，测试难度会陡然增加。

第四，灵活调整命题方法。从实践来看，“多选奖惩法”适用于听力测试、阅读测试、语音测试、词汇测试等，但在命题要求上肯定有所不同。譬如，词汇测试会涉及一词多义的现象，可以根据情况适当增加答案项的数量，以便达到更好的测试效果。

3.3.2　题库建设

试题库（Item Bank）是按照一定的教育测量理论，在计算机系统中实现的某个学科题目的集合，除了具有录入、存储、修改试题的功能外,还具备查询功能、智能组卷、分析反馈等功能。目前,大规模的英语测试,如 CET、PETS、IELTS 等,都有自己的题库。

建立题库是一个复杂的系统工程,首先要建立系统的数学模型,然后确定试题的属性指标以及试题的组成结构,再组织大批量的优秀学科教师编写试题。为了保证这些试题的科学性和有效性,还要组织大量的被试样本,进行抽样测试,对试题参数标注的有效性进行校正。

在“多选奖惩法”框架下的题库建设中,除了要遵循题库建设的一般要求之外,还要注意以下几个方面。

3.3.2.1 形式多样

由于“多选奖惩法”的适用对象是多项选择题,所以在形式上变化不会太大。但是,根据测试内容、测试目的、测试对象、难易程度等,可以对选择项的数量进行调整,从而出现“三项多选奖惩题”、“四项多选奖惩题”、“五项多选奖惩题”等。

3.3.2.2 宁缺毋滥

试题的质量是任何题库的生命。录入题库之前的试题至少要经历“选材—编写—试测—统计—分析—修改—再测试—再统计—再分析—遴选”的复杂过程。同样,多项多选奖惩题的题库建设也要遵循“质量至上”的原则,做到宁缺毋滥。

值得一提的是,选项分值的细化对多项多选奖惩题的质量最具影响。如果简单地用“－1、0、＋1”的模式反映分值的情况,那是远远不够的。为了保证多项多选奖惩题的质量和测试效度,推荐使用“－5、－4、－3、－2、－1、0、＋1、＋2、＋3、＋4、＋5”的分值模式。

3.3.2.3 管理方便

在当今大数据时代,题库管理不能过于依赖单机版软件。随着软件和互联网技术的兴起,出现了一些网络题库。同样,可以把多项多选奖惩题的试题集合放到数据库中进行管理,利用信息化的优势来组织和管理试题,为用户提供使用和学习的平台,以便充分、高效地发挥题库的作用。

3.3.3　评分方法

基于“多选奖惩法”的测试评分遵循“选对给分、选错扣分”的总原则，与“选对给分、选错不扣分”的传统原则相差甚远。以下从结果分、及格分和折算分三个方面具体说明多项多选奖惩题的评分办法。

3.3.3.1　结果分

在报道多项多选奖惩题的结果分时，可以采取实际计分和分段计分的办法。以选项中正确答案数和非正确答案数各为 100 的试题为例。该试题中每个正确选项为 1 分，每个错误选项为－1 分，这样，最高得分为 100，最低得分为－100，全选得分为 0。报道结果分时，把 0 分和负分都计为 0 分，正分则可以参考下面两种办法。

表 3－1　多项多选奖惩题的实际计分

考生分数	0 分及以下	1	……	100
实际计分	0	1	……	100

表 3－2　多项多选奖惩题的分段计分

考生分数	0 分及以下	1－3	……	97－100
分段计分	0	1	……	100

表 3－1 中利用实际计分办法报道考生的结果分，注重分数的客观数量。表 3－2 中的分段计分办法类似雅思考试的评分办法，侧重反映考生处于何种档次，奖惩更具人性化，凸显“多选奖惩法”的设计理念。

3.3.3.2　及格分

及格分是评价考生是否通过考试的重要标准。那么，基于“多选奖惩法”的测试如何设定及格分呢?

第一,可以根据正误选项的数量比例关系来匡算多项多选奖惩题的及格分。

“多选奖惩法”测试的及格分与全套试题正确选项和错误选项的数量直接相关,因为这两类选项的数量比例关系会影响试题的难度,而合理的及格分应该考虑试题的难度。笔者(2013:8)设计了这样一个公式:

$$P = TN[1-(F-T)/(F+T)]$$

公式中,T=正确选项数量的总和;F=错误选项数量的总和;N=及格分与满分的比率(可以根据情况设定,通常可以恒定为60%);P=及格分。在传统的多项选择题测试中,可以把及格分 P 简单地等同于 TN。但是,在采用“多选奖惩法”的多项选择题测试中,如果把 P 简单地等同于 TN,就会忽视正确选项和错误选项的数量比例关系给试题难度带来的影响,因此,利用[1-(F-T)/(F+T)]可以调节 N 的大小,从而调节 P 的高低。

表3-3　正误选项的数量比例关系对及格分的影响

T	F	TN			[1-(F-T)/(F+T)]	P		
		N=50%	N=60%	N=70%		N=50%	N=60%	N=70%
60	140	30	36	42	0.6	18	21.6	25.2
70	130	35	42	49	0.7	24.5	29.4	34.3
80	120	40	48	56	0.8	32	38.4	44.8
90	110	45	54	63	0.9	40.5	48.6	56.7
100	100	50	60	70	1	50	60	70
110	90	55	66	77	1.1	60.5	72.6	84.7
120	80	60	72	84	1.2	72	86.4	100.8
130	70	65	78	91	1.3	84.5	101.4	118.3
140	60	70	84	98	1.4	98	117.6	137.2

从表 3－3 中可以看出，在多项多选奖惩题选择项总量不变的情况下，随着正确选项数量的增加（错误选项数量相应减少），及格分 P 的值也逐步增加，充分反映了试题难度的变化。

第二，可以根据正误选项的分值比例关系来匡算多项多选奖惩题的及格分。

设定：P 为及格分，H 为最高分，L 为最低分（负值），N 为试题数量。

思路 1：没有负分的情况下，每份试卷都有一定难度，但由于负分的存在，试卷的难度会增加，负分越高，难道越大。因此，可以将 $(H-L)/H-1$ 看作负分情况下所增加的难度系数。当 L 为 0 时，$(H-L)/H$ 为 1，负分情况下所增加的难度系数为 0。当 L 的负值越大，$(H-L)/H$ 越大于 1，从而负分情况下所增加的难度系数越大，符合逻辑。

思路 2：难度系数还可以借助 H 和 L 之间的比例关系表示为 $-L/H$，正好等于 $(H-L)/H-1$。

思路 3：在没有负分的情况下，试卷的及格分应该为 $H*0.6$。

思路 4：在有负分的情况下，试卷的及格分应该小于 $H*0.6$。这个差额（姑且看作 D）应与“负分情况下所增加的难度系数”和“试题数量”有关。

思路 5：“试题数量”越多，“负分情况下所增加的难度系数”会相应降低。

思路 6：可以先将 H/N 看成与差额 D 相关的一个变量，试题数量 N 越大，H/N 的值越小。如果再将这个变量与“负分情况下所增加的难度系数”关联起来，就可以大致框定 D 的值，即“H/N 乘以 $(H-L)/H-1$”。当然，如果还有其他影响 D 的因素，都可以关联起来。目前看来，“负分情况下所增加的难度系数”和“试题数量”两项因素已经足以限定 D 的值。

初步得出：$P = H * 0.6 - H * ((H - L)/H - 1)/N$，在 excel 里表达为：$H * 0.6 - H * ((((H - L)/H) - 1))/N$

简化为：$P = H * 0.6 + L/N$

注意 1：当试题数量小于 20 时，“及格分”会显得不真实，其实是真实的。因此，每份试卷的题量应该在 30 道以上，这样反映出来的“及格分”才会真实。所以，可以通过将 N 调整为 $N + 20$、$N + 30$、$N + 50$ 等来增加真实性，但差别并不明显。

注意 2：当难度系数超过 1，即 $H + L$ 的值小于 0 时，“及格分”会开始显得失真，但只要试题数量大一些，“及格分”就不会显得失真了。

总之，从分值的角度考虑，公式 $P = H * 0.6 + L/N$ 基本可以反映多项多选奖惩题及格分的情况。需要说明的是，由于 H、L 和 N 都是动态的，所以对每份多项多选奖惩题试卷来讲，及格分是唯一的。

值得一提的是，在公式“$P = H * 0.6 + L/N$”中，及格分 P 的分值变化似乎取决于的 L/N 分值变化，而事实上，也可以在公式中强调 H/N 的分值对及格分的影响，即：

$P = H * 0.6 + ((H/N) * ((H + L)/(H - L)))$。

3.3.3.3 折算分

在多项多选奖惩题测试中，单从最高分是看不出应试者的实际水平的，即使参考最低分，甚至及格分，也难以直观地看出，因此有必要利用最直观的百分制将结果分加以折算。

设 S 为折算分，R 为结果分，P 为及格分，H 为最高分，L 为最低分（负值），N 为试题数量。则有：

$S = (R * 60)/P = (R * 60)/(H * 0.6 + L/N)$

还有一个很简单的折算分计算公式：$S = (R * 100)/H$，即通过结果分和试卷最高分直接算出折算分。

值得一提的是，根据折算分可以看出测试水平，并算出相应的水平等级。

3.3.3.4　水平分

在多项多选奖惩题测试中，尽管通过折算分可以直观地看出应试者的测试情况，但还是不能很好地反映应试者测试过程中的实际水平，主要原因是每份试卷的最高分、最低分、题目数量都是变量。笔者初步设计了一个表达水平分的公式。

设 L 为水平分，S 为结果分，P 为及格分（可以反映出试卷的难度）。则有：$L = S/P$

从公式中可以看出：

(1) L 与 S 成正比，与 P 成反比，也就是说，结果分越高水平分越高，及格分越高说明难度越大，因而会影响水平。

(2) 在一份试卷中，P 是个衡量，因为影响 P 值的 H（最高分）、L（最低分）和 N（试题数量）都是每份试卷的属性分值。

(3) 当 $S = P$ 时，L 为 1，表示达到及格水平；当 $S < P$ 时，$L<1$，表示未达到及格水平；当 $S > P$ 时，$L>1$，表示超过及格水平。通常，L 的最高值在 1.75 左右。

3.3.4　实效评估

对多项多选奖惩题的测试效果进行评估是推广“多选奖惩法”的必经之路，可以从绝对实效和相对实效两个方面入手。

3.3.4.1　绝对实效

多项多选奖惩题的一个本质特征就是增加了正确答案的数量，这意味着应试者拥有更多发挥水平的空间。多项多选奖惩题的另一个本质特征就是给每个选项赋予一定的正负分值，这几乎排除了应试者盲目猜测的可能性。我们可以将这种因正确答案数量的增加和选项正负分值的细化而产生的客观测试实效理解为绝对实效。

先以 2004 年硕士研究生入学考试政治试题中的五项多选题为例。该题中每小题的正确答案选项的个数不一样，有两项的，有三项的，有四项的，还有五项的，而且多选、少选和错选均不得分，在测量考生对考查内容掌握的准确度上达到了极致，难度陡然上升，难怪很多考生在这道题上得分很低，甚至得0分者比比皆是。2004年多选题的答案是：16. ABCD、17. ABDE、18. BD、19. BCD、20. DE、21. BC、22. ACD、23. AB、24. ABCDE、25. ABCDE、26. ABCE、27. BDE、28. ABC、29. ABCD、30. ABCDE。从A、B、C、D、E在答案中的分布情况可以看出，盲目猜测几乎行不通，这主要归功于该题的评分方法。那么，由于猜测因素可以忽略不计，我们是否可以说这种多项选择题已经很公正、很合理了呢？笔者认为，该题型虽然在测量考生对考查内容掌握的准确度上具有优势，但是，由于评分方法过于苛刻，所以考试结果未必能反映考生的实际水平。其中有这样一道题：

表3-4　2004年硕士研究生入学考试政治试题中的第17题

试题序号	题干	选择项	答案
17	有一幅广告幽默画，画的是几个行人在看一家饭店外贴的告示，上写：“快进来吃饭吧，否则你我都得挨饿。”这幅广告画的寓意有______。	A）生产者和消费者是相互依存的 B）生产和消费具有直接的同一性 C）利己是人的一切活动的出发点 D）商品交换活动背后隐藏着人与人的关系 E）生产关系本质上是人与人之间的物质利益关系	ABDE

做这道题时，考生一般很容易排除C，但是要把ABDE都选中才给分是不是太苛刻了，难道选ABD、BDE、ADE、ABE、AB、BD、DE等的考生就对此题所考查的内容都“一无所知”了吗？就不应该得到“应有的”奖励吗？更何况由于没有倒扣分，猜测因素或多或少依然存在。

笔者仔细分析了这道题的题干、干扰项和答案项，并设想如果采用“多选奖惩法”对该题进行重新设计的话（见表3-5），测试实效肯定会大为“改观”,因为应试者施展的空间大了,更能体现测试的实效,而且盲目猜测不复存在,测试的信度也提高了。

表 3-5　重新设计的“2004 年硕士研究生入学考试政治试题中的第 17 题”

试题序号	题干	选择项	选项分值
17	有一幅广告幽默画,画的是几个行人在看一家饭店外贴的告示,上写:“快进来吃饭吧,否则你我都得挨饿。”这幅广告画的寓意是______。	A) 生产者和消费者是相互依存的 B) 生产和消费具有直接的同一性 C) 利己是人的一切活动的出发点 D) 商品交换活动背后隐藏着人与人的关系 E) 生产关系本质上是人与人之间的物质利益关系	A) 1 B) 1 C) −4 D) 2 E) 2

当然,如果采用“多选奖惩法”重新设计整个五项多选题,不能只是简单地细化每个选项的分值,还要调整正误选项的数量比例关系,这样可以对测试的难度加以控制。

以上是一个非英语测试的实例,再看一个英语词汇测试的实例。

表 3-6　测试 be used to 的用法

题干	选择项	答案
Like east Germans before them, south Europeans have grown ________ to this trade-off.	A) related B) used C) attributed D) entitled	B

这是一道传统的四项单选题,考查 be used to 的用法。如果应试者的水平较差,盲目猜测会发挥很大作用。如果应试者的水平较高,选对 B 应该不是问题,但这样一来,这道题的区分度就要打折扣了。

如果采用“多选奖惩法”对该题进行重新设计的话(见表 3-7),这道题的信度、效度和区分度都会有较大“改观”,测试的绝对实效非常明显。

表 3-7 重新设计“测试 be used to 的用法”

题干	选择项	选项分值
Like east Germans before them, south Europeans have grown ________ to this trade-off.	A) related B) used C) attributed D) entitled E) accustumed	A) −2 B) 1 C) −1 D) −1 E) 2

类似的例子还有:

表 3-8 测试 because of 的用法

题干	选择项	答案
Facebook has built a multibillion-dollar ad business ________ such data.	A) at the risk of B) in spite of C) because of D) on behalf of	C

这是一道传统的四项单选题,考查 because of 的用法。从干扰项可以看出,试题难度不小。如果应试者的水平较高,选对 C 应该不是问题。如果采用“多选奖惩法”对该题进行重新设计的话(见表 3-9),这道题的效度会大大提高,极大满足多层次的测试需求。

3.3.4.2 相对实效

多项多选奖惩题是针对传统的四项单选题采用“多项奖惩法”而设计的。通过比较这两种题型的测试实效,可以明显看出多项多选奖惩题的实效优势,我们可以把这种测试实效称作相对实效,大致可以从三个方面来量化:①是否影响测试成绩;②是否影响成绩排名;③是否限制猜测因素。

表3－9　重新设计“测试 because of 的用法”

题干	选择项	选项分值
Facebook has built a multibillion-dollar ad business ________ such data.	A) on account of B) thanks to C) because of D) on behalf of E) by means of	A) 2 B) 2 C) 1 D) −1 E) 3

笔者曾针对四项单选题和五项多选题在班里做过一个实效比较。

第一步，先根据高考成绩、入学分级考试成绩、期末测试成绩、首次 CET－4 成绩等对全班进行综合排名，分出好、中、差三个等级。

第二步，用 20 道传统的四项单选题（类似表 3－6 和表 3－8 的试题）对全班进行考试。考前告知学生：①成绩会影响期末总评，让学生加以重视；②严禁查阅和偷看，保证信度；③选项的分值有正有负（其实没有），杜绝盲目猜测。考试一结束，马上将试卷收上来，择时批阅。批阅之后，可以借助表 2－2 的方式对测试结果进行统计。一开始录入时，会发现不少选项没选，因为学生怕扣分，这是真实的。记录结果，排名，并与综合排名进行比较，会发现变化不大，至少等级变化不大。然后，代替学生将这些没选的选项全部用盲目猜测的方式选上，再次记录结果。通过比较两次记录结果发现盲目猜测对成绩的影响是客观存在的。

第三步，采用“多选奖惩法”将这 20 道传统的四项单选题设计成五项多选题（类似表 3－7 和表 3－9 的试题），并择时对全班进行考试。考前告知学生：①成绩会影响期末总评，让学生加以重视；②严禁查阅和偷看，保证信度；③选项的分值有正有负（其实有），杜绝盲目猜测。考试一结束，马上将试卷收上来，择时批阅。批阅之后，也可以借助

表 2－2的方式对测试结果进行统计。录入时，会发现不少选项没选，因为学生怕扣分，这是真实的，说明盲目猜测得到有效限制，相对实效有所体现。记录结果，排名，并与综合排名进行比较，会发现变化也不大，至少等级变化不大。但是，全班的测试成绩因为正确选项的增加有了明显提升(特别是成绩较好的学生)，包括全班整体成绩的绝对提高和学生两次测试成绩的相对提高，这都直接体现了这 20 道五项多选题测试的相对实效。

3.3.5 做题要求

3.3.5.1 放弃传统思路，杜绝胡乱猜测

多项多选奖惩题设计的主要目的就是为了有效限制测试过程中出现的盲目猜测。实践也证明，盲目猜测在多项多选奖惩题测试中几乎不可能，因为在这类测试中，盲目猜测的代价太高，毫不值得。鉴于这一点，在多项多选奖惩题测试中，应试者必须放弃传统思路，杜绝胡乱猜测。只有这样，才能减少因为盲目猜测而带来的损失。

3.3.5.2 面对客观现实，测出真实水平

在多项多选奖惩题测试中，虽然盲目猜测已经没有市场，但应试者还是可以通过调整心态，面对自身能力和水平的客观事实，做到“只选有百分之百有把握的”，从而展示出自己的真实水平。这不光有助于应试者通过测试反映出自己的实际水平，还有利于施考者从多方面了解测试的实际情况，包括应试者水平、试卷难度、试卷质量等等。

3.4 小结

本章是全书的重点，在英语测试中推出“多选奖惩法”的测试新方法。

首先，对多项选择题的研究现状进行了细致的阐述。目前，有关

多项选择题的研究绝大多数针对四项单选题，即传统的“四选一”题型，且徘徊于优势和劣势的比较研究，改革与创新的力度不够。四项单选题沿用至今，其实是种妥协。

然后，对“多选奖惩法”进行了定义，并从设计思路的变革、选项数量的选定、奖惩分值的细化等方面对定义的要点加以详细说明。

最后，从命题要求、题库建设、评分方法、实效评估、做题要求五个方面对“多选奖惩法”进行了深入研究。

诚然，利用“多选奖惩法”设计多项多选奖惩题肯定会遇到一些实际问题。首先，在每个考点的命题以及整套试卷的设计上，“多选奖惩法”面临的挑战会比“单选奖励法”多得多。其次，“多选奖惩法”在解读测试结果方面还缺乏系统而有力的标准。再次，“多选奖惩法”是否会增加考生的心理负担、是否会因此影响测试的结果等等这些问题还有待于探究。

第 4 章 “多选奖惩法”的应用

4.1 应用前景

4.1.1 自身优势

利用“多选奖惩法”设计的多项多选奖惩题，除了具有传统四项单选题的优势之外，还具有一些自身的优势，大致可以归纳为以下几个方面：

第一，可以有效限制做题过程中的盲目猜测因素，提高测试的信度，体现考生的实际水平。有效限制测试过程中的盲目猜测因素是“多选奖惩法”推出的初衷。由于选项的分值有正负之分，盲目猜测几乎不复存在，测试的信度大大提高，测试结果更能反映考生的实际水平。

第二，可以通过增加正确答案选项的数量增加测试的效度。增加正确答案选项的数量意味着加大测试的信息量，可以考查更多的语言知识点，从而更全面地考查考生的实际水平。

第三，可以通过调整选项中正误数量的比例关系控制试卷的难度，有利于提高测试的区分度。由于应试者对正确选项的选择余地加大，成绩分布容易拉开档次，测试结果更趋合理，区分度明显提高。

第四，可以通过机器阅卷，与传统的四项单选题一样具有很高的评分信度和经济优势。由于每个选项都有各自的分值，所以设计过程中就可以通过分值的细化来控制某一选项的难度，更加有利于对各选项的测试结果进行统计和分析。

4.1.2 前景展望

目前，虽然利用“多选奖惩法”设计的多项多选奖惩题仅仅处于试用阶段，而且其有效性也需要进一步验证，但是凭借其自身的优势，该题型的应用前景是乐观的。

第一，在人们对四项单选题的一片指责声中，多项多选奖惩题可以借助自己的优势异军突起，其利器之一就是能够有效限制测试中的盲目猜测因素。

第二，在很大程度上促进英语的教学。多项多选奖惩题有助于改变学生传统的应试习惯，培养学生严谨的治学作风，从而促使英语的课堂教学回归务实的教学环境中来。

第三，测试结果的统计会改变传统的统计思路和模式，统计结果会更客观、更科学。由于该题型中每个选项的分值得到了细化，有正负之分，而且选项的正误数量和比例可以调整，这样，在试题的设计过程中就可以有意识地将各选项的特点考虑进去，以利测试结果的统计和分析。

第四，不但可以对所有四项单选题进行改进，还可以应用于各类英语考试中的其他客观题型。从这个意义上讲，多项多选奖惩题的应用会十分广泛。

4.2 应用对象

利用“多选奖惩法”设计的多项多选奖惩题主要是针对传统的四

项单选题而进行的改进，因此其应用对象应该涵盖所有采用四项单选题的英语测试。下面以大学英语考试为对象，从听力理解、阅读理解、词汇结构和完形填空四个方面具体探讨该题型的实际应用。需要说明的是，所有这些试题的指令都要围绕“正误判断”做些修改。

4.2.1 听力理解

2013 年 8 月，全国大学英语四、六级考试委员会公布了大学英语考试的新题型。听力的变化不大，只是针对短文听写作了点调整，而短对话、长对话、短文理解依然采用传统的四项单选题。笔者采用“多选奖惩法”，结合原文信息，对 2013 年 8 月四级样题听力理解中的短对话、长对话、短文理解进行了重新设计。

4.2.1.1 短对话

1)短对话重新设计前试题

1. A) The man has left a good impression on her family.
   B) The man's jeans and T-shirts are stylish.
   C) The man should buy himself a new suit.
   D) The man can dress casually for the occasion.

2. A) Its price.
   B) Its comfort.
   C) Its location.
   D) Its facilities.

3. A) It is a routine offer.
   B) It is quite healthy.
   C) It is new on the menu.
   D) It is a good bargain.

4. A) Read the notice on the window.
   B) Board the bus to Cleveland.
   C) Go and ask the staff.
   D) Get a new bus schedule.

5. A) He is ashamed of his present condition.
   B) He is careless about his appearance.
   C) He changes jobs frequently.
   D) He shaves every other day.

6. A) The woman had been fined many times before.
   B) The woman knows how to deal with the police.
   C) The woman had violated traffic regulations.
   D) The woman is good at finding excuses.

7. A) She got hurt in an accident yesterday.
   B) She has to go to see a doctor.
   C) She is black and blue all over.
   D) She stayed away from work for a few days.

8. A) She will ask David to talk less.
   B) She will meet the man halfway.
   C) She is sorry the man will not come.
   D) She has to invite David to the party.

2)短对话重新设计前答案

1. D 2. C 3. D 4. C 5. B 6. C 7. A 8. D

3)短对话重新设计前原文

1. M：Finally I've got the chance to put on my new suit tonight. I hope to make a good impression on your family.
   W：Come on，it's only a family reunion. So jeans and T-shirts are just fine.
   Q：What does the woman mean?

2. W：From here，the mountains look as if you could just reach out and touch them.
   M：That's why I chose this lodge. It has one of the best views in Switzerland.
   Q：What is the man's chief consideration in choosing the lodge?

3. M：Miss，can I interest you in the pork special we're serving tonight? It's only $7.99，half the usual price，and it's very tasty.
   W：Oh，really? I'll try it.
   Q：What does the man say about the dish?

4. W：This crazy bus schedule has got me completely confused. I can't figure out when my bus to Cleveland leaves.
   M：Why don't you just go to the ticket window and ask?
   Q：What does the man suggest the woman do?

5. M：Shawn's been trying for months to find a job. But I wonder how he could get a job when he looks like that.
W：Oh，that poor guy! He really should shave himself every other day at least and put on something clean.
Q：What do we learn about Shawn?

6. M：Why didn't you stop when we first signaled you at the crossroads?
W：Sorry，I was just a bit absent-minded. Anyway，do I have to pay a fine?
Q：What do we learn from the conversation?

7. W：My hand still hurts from the fall on the ice yesterday. I wonder if I broke something.
M：I'm no doctor，but it's not black and blue or anything. Maybe you just need to rest it for a few days.
Q：What do we learn about the woman from the conversation?

8. M：I really can't stand the way David controls the conversation all the time. If he's going to be at your Christmas party，I just won't come.
W：I'm sorry you feel that way，but my mother insists that he come.
Q：What does the woman imply?

4)短对话重新设计后试题

笔者仔细研究了原文信息，并对每道题进行重新设计，只是采用的不是五项多选奖惩题，而是三项多选奖惩题，主要是为了缩减应试者的阅读量，减少过多的阅读所带来的干扰。另外，从每道题各选项的分值设置可以看出，每个选项的难易度得到充分体现。重新设计的试题如下：

1. A) The man wants to have a good impression on her family.
   B) The man's jeans and T-shirts are stylish.
   C) The man can dress casually for the occasion.

2. A) The lodge is the best in Switzerland.
   B) The man chooses the lodge for its location.
   C) The woman doesn't like the lodge.

3. A) The man is a waiter.
   B) The woman is a vegetarian.
   C) The pork special is a good bargain.

4. A) The bus to Cleveland has left.
   B) There are no tickets for Cleveland.
   C) The woman is suggested to ask the staff.

5. A) Shawn is eager to have a new job .
   B) Shawn is careless about his appearance.
   C) Shawn is from a poor family.

6. A) The man stopped the woman.
   B) The woman knows the man quite well.
   C) The woman had violated traffic regulations.

7. A) The woman's hurt is not serious.
   B) The woman had her hand broken yesterday.
   C) The man is a doctor.

8. A) David is too talkative.
   B) The woman's mother dislikes David.
   C) The man is at a Christmas party.

5)短对话重新设计后各选项的分值

1.	A) 1	B) −2	C) 2
2.	A) −1	B) 2	C) −2
3.	A) 1	B) −1	C) 2
4.	A) −2	B) −1	C) 2
5.	A) 1	B) 2	C) −2
6.	A) −1	B) −2	C) 2
7.	A) 1	B) −2	C) −2
8.	A) 2	B) −2	C) −2

6)短对话重新设计的说明

第1题:本题的四个选项都是针对整个短对话的,都可以直接照搬照用。先保留原答案项“The man can dress casually for the occasion”和干扰项“The man's jeans and T-shirts are stylish”。另外,

增加一个正确选项“The man wants to have a good impression on her family”，权当送分，就看考生是否能拿到。

第 2 题：本题的重新设计有点难度，因为原题考查的是一个细节。答案项“The man chooses the lodge for its location”源自原题，但干扰项“The lodge is the best in Switzerland”和“The woman doesn't like the lodge”都是重新设计，且难度有所区别，分值也就不一样。

第 3 题：本题答案项“The pork special is a good bargain”基本源自原题，而且赋予 2 分，说明对 a good bargain 的理解存在一定难度。增加一个答案项“The man is a waiter”，考查一下对话的情景。干扰项“The woman is a vegetarian”有点难度，所有负值是－1，而不是－2。

第 4 题：原题干扰项中的陷阱比较多，如 window、Cleveland、schedule 等，而答案项中的 staff 不在原文，所以此题有可能被“听到的不是答案”这一应试技巧轻易捕获。本题答案项“The woman is suggested to ask the staff”基本源自原题，而且赋予 2 分，说明对 ask the staff 的理解存在一定难度。干扰项“The bus to Cleveland has left”的难度不如干扰项“There are no tickets for Cleveland”，所以分值有所区别。

第 5 题：本题答案项“Shawn is careless about his appearance”源自原题，而且赋予 2 分，说明对 appearance 的理解存在一定难度。增加一个答案项“Shawn is eager to have a new job”，权当送分，尽管只有 1 分。干扰项“Shawn is from a poor family”表面上有点难度，其实不然，因为原文 that poor guy 中的 poor 不是“贫穷的”，而是“可怜的”。

第 6 题：本题答案项“The woman had violated traffic regulations”源自原题，而且赋予 2 分，说明对 violated traffic regulations 的理解存在一定难度。原文中的干扰项难度太大，而且阅

读量过大,对考生不公平。本题的两个干扰项在难度上有所降低,而且简短多了。

第 7 题:原题的命题有很多值得推敲的地方,至少答案项不是很严谨。本题的答案项“The woman's hurt is not serious”降低了难度,但两个干扰项有一定分量,听懂了是绝对不会选的,所以分值都是−2。

第 8 题:原题的命题有很多值得推敲的地方,至少答案项不是很严谨。本题的答案项“David is too talkative”难度较大,主要考查对 talkative 的理解。但两个干扰项有一定分量,听懂了是绝对不会选的,所以分值都是−2。

7)短对话重新设计前后的比较

表 4-1 短对话重新设计前后的比较

	正确选项数量	错误选项数量	正确选项分值	错误选项分值	正误选项分值之和	选择项字数
重新设计前	8	24	8	0	8	234
重新设计后	11	13	18	−18	0	189

4.2.1.2 长对话

对长对话的重新设计仅以长对话一为例。

1)长对话一重新设计前试题

9. A) Beautiful scenery in the countryside.
B) A sport he participates in.
C) Dangers of cross-country skiing.
D) Pain and pleasure in sports.

10. A) He can't find good examples to illustrate his point.
B) He can't find a peaceful place to do the assignment.
C) He can't decide whether to include the effort part of skiing.
D) He doesn't know how to describe the beautiful country scenery.

11. A) New ideas come up as you write.
B) Much time is spent on collecting data.
C) A lot of effort is made in vain.
D) The writer's point of view often changes.

2)长对话一重新设计前答案

9. B 10. C 11. A

3)长对话一重新设计前原文

M: Hello, Professor Johnson.
W: Hello, Tony. So what shall we work on today?
M: Well, the problem is that this writing assignment isn't coming out right. What I thought I was writing on was to talk about what a particular sport means to me—one I participate in.
W: What sport did you choose?
M: I decided to write about cross-country skiing.
W: What are you going to say about skiing?

M：That’s the problem. I thought I would write about how peaceful it is to be out in the country.

W：So why is that a problem?

M：As I start describing how quiet it is to be out in the woods，I keep mentioning how much effort it takes to keep going. Cross-country skiing isn’t as easy as some people think. It takes a lot of energy. But that’s not part of my paper，so I guess I should leave it out. But now I don’t know how to explain that feeling of peacefulness without explaining how hard you have to work for it. It all fits together. It’s not like just sitting down somewhere and watching the clouds roll by. That’s different.

W：Then you’ll have to include that in your point. The peacefulness of cross-country skiing is the kind you earn by effort. Why leave that out? Part of your point you knew beforehand，but part you discovered as you wrote. That’s common，right?

M：Yeah，I guess so ...

9. What is the topic of the man’s writing assignment?

10. What problem does the man have while working on his paper?

11. What does the woman say is common in writing papers?

4)长对话一重新设计后试题

According to the long conversation, which of the following statements is/are true?

A) The man is writing about beautiful scenery in the countryside.

B) The man chooses cross-country skiing in his writing assignment.

C) The man can't find good examples to illustrate his point.

D) The man doesn't know how to explain his feeling of peacefulness.

E) The professor implies that new ideas often come up as one writes.

5)长对话一重新设计后各选项的分值

A) −4 B) 1 C) −2 D) 2 E) 3

6)长对话一重新设计的说明

根据长对话的特点,笔者采用五项多选奖惩题对原试题进行重新设计。选项 B、D 和 E 都是正确项,都源自原题,只是分值有所区分。选项 A 是错误项,分值达−4 分,是因为太简单,旨在防止盲目猜测。

7)长对话一重新设计前后的比较

表 4-2 长对话一重新设计前后的比较

	正确选项数量	错误选项数量	正确选项分值	错误选项分值	正误选项分值之和	选择项字数
重新设计前	3	9	3	0	3	102
重新设计后	3	2	6	−6	0	57

4.2.1.3　短文理解

对短文的重新设计仅以短文一为例。

1)短文一重新设计前试题

16. A) They shared mutual friends in school.
B) They had many interests in common.
C) They shared many extracurricular activities.
D) They had known each other since childhood.

17. A) At a local club.
B) At Joe's house.
C) At the boarding school.
D) At the sports center.

18. A) Durable friendships can be very difficult to maintain.
B) One has to be respectful of other people in order to win respect.
C) Social divisions will break down if people get to know each other.
D) It is hard for people from different backgrounds to become friends.

2)短文一重新设计前答案

16. D　17. B　18. C

3)短文一重新设计前原文

I first met Joe Gans when we were both nine years old, which is probably the only reason he's one of my best friends. If I had first met Joe as a freshman in high school, we wouldn't even have had the chance to get to know each other. Joe is a day student, but I am a boarding student. We haven't been in the same classes, sports, or extracurricular activities.

Nonetheless, I spend nearly every weekend at his house and we talk on the phone every night. This is not to say that we would not have been compatible if we had first met in our freshman year. Rather, we would not have been likely to spend enough time getting to know each other due to the lack of immediately visible mutual interests. In fact, to be honest, I struggle even now to think of things we have in common. But maybe that's what makes us enjoy each other's company so much.

When I look at my friendship with Joe, I wonder how many people I've known whom I never disliked, but simply didn't take the time to get to know. Thanks to Joe, I have realized how little basis there is for the social divisions that exist in every community. Since this realization, I have begun to make an even more determined effort to find friends in unexpected people and places.

16. Why does the speaker say Joe Gans became one of his best friends?
17. Where does the speaker spend most of his weekends?
18. What has the speaker learned from his friendship with Joe?

4)短文一重新设计后试题

According to the passage, which of the following statements is/are true?

A) The speaker and Joe had known each other since childhood.

B) The speaker spends most of his weekends at Joe's house.

C) The speaker and Joe had many interests in common.

D) The speaker learned that making friends will reduce social divisions.

E) Social divisions doesn't necessarily exist in every community.

5)短文一重新设计后各选项的分值

A) 1　B) 2　C) −2　D) 3　E) −4

6)短文一重新设计的说明

根据短文的特点,笔者采用五项多选奖惩题对原试题进行重新设计。选项 A、B 和 D 都是正确项,分值有所区分。错误选项 E 的分值达−4 分,主要是因为这是个常识题。

7)短文一重新设计前后的比较

表 4-3　短文一重新设计前后的比较

	正确选项数量	错误选项数量	正确选项分值	错误选项分值	正误选项分值之和	选择项字数
重新设计前	3	9	3	0	3	98
重新设计后	3	2	6	−6	0	53

4.2.2 阅读理解

4.2.2.1 多项选择

通常，每篇阅读理解有 5 道四项单选题，如果用多项多选奖惩题进行重新设计，会遇到不少挑战。根据阅读理解的特点，可以通过调节每题的选项数量来满足多项多选奖惩题的设计需求。下面以 2009 年 6 月大学英语四级考试第一篇阅读理解为例。

1)文章内容、试题

Passage One

Questions 57 to 61 are based on the following passage.

The January fashion show, called Future Fashion, exemplified how far green design has come. Organized by the New York-based nonprofit Earth Pledge, the show inspired many top designers to work with sustainable fabrics for the first time. Several have since made pledges to include organic fabrics in their lines.

The designers who undertake green fashion still face many challenges. Scott Hahn, cofounder with Gregory of Rogan and Loomstate, which uses all-organic cotton, says high-quality sustainable materials can still be tough to find. "Most designers with existing labels are finding there aren't comparable fabrics that can just replace what you're doing and what your customers are used to," he says. For example, organic cotton and non-organic cotton are virtually indistinguishable once woven into a dress. But some popular synthetics, like stretch nylon, still have few eco-friendly equivalents.

Those who do make the switch are finding they have more support. Last year the influential trade show Designers & Agents stopped charging its participation fee for young green entrepreneurs(企业家) who attend its two springtime shows in Los Angeles and New York and gave special recognition to designers whose collections are at least 25% sustainable. It now counts more than 50 green designers, up from fewer than a dozen two years ago. This week Wal-Mart is set to announce a major initiative aimed at helping cotton farmers go organic: it will buy transitional(过渡型的) cotton at higher prices, thus helping to expand the supply of a key sustainable material. "Mainstream is about to occur," says Hahn.

Some analysts(分析师) are less sure. Among consumers, only 18% are even aware that ecofashion exists, up from 6% four years ago. Natalie Hormilla, a fashion writer, is an example of the unconverted consumer. When asked if she owned any sustainable clothes, she replied, "Not that I'm aware of." Like most consumers, she finds little time to shop, and when she does, she's on the hunt for "cute stuff that isn't too expensive." By her own admission, green just isn't yet on her mind. But—thanks to the combined efforts of designers, retailers and suppliers—one day it will be.

57. What is said about Future Fashion?

A) It inspired many leading designers to start going green.

B) It showed that designers using organic fabrics would go far.

C) It served as an example of how fashion shows should be organized.

D) It convinced the public that fashionable clothes should be made durable.

58. According to Scott Hahn, one big challenge to designers who will go organic is that ________.

A) much more time is needed to finish a dress using sustainable materials

B) they have to create new brands for clothes made of organic materials

C) customers have difficulty telling organic from non-organic materials

D) quality organic replacements for synthetics are not readily available

59. We learn from Paragraph 3 that designers who undertake green fashion ________.

A) can attend various trade shows free

B) are readily recognized by the fashion world

C) can buy organic cotton at favorable prices

D) are gaining more and more support

60. What is Natalie Hormilla's attitude toward ecofashion?

A) She doesn't seem to care about it.

B) She doesn't think it is sustainable.

C) She is doubtful of its practical value.

D) She is very much opposed to the idea.

61. What does the author think of green fashion?

A) Green products will soon go mainstream.

B) It has a very promising future.

C) Consumers have the final say.

D) It will appeal more to young people.

2)答案及解析

57. 答案A。解析:由 Future Fashion 定位到原文第1段第1行,原文为 the show inspired many top designers to work with sustainable fabrics for the first time。A选项中 leading 与原文 top 为同义替换,同样的还有 start 与 for the first time。

58. 答案D。解析:由 Scott Hahn 和 challenge 定位到原文第2段第1行,原文为...says high-quality sustainable materials can still be tough to find。D选项中 are not readily available 与 can still be tough to find 是同义替换。注意,文中的 synthetics(合成纤维)代表的是传统材料,而 organic cotton 等代表的是新型绿色材料。

59. 答案D。解析:直接定位到原文第3段第1句 Those who do make the switch are finding they have more support。这是第3段的首句,也是中心句主旨句。考生在考场上走捷径的话可以直接选中D选项。此外,接下来文章中出现的 Designers & Agents 这一例子也在表明,通过免收入场费(stop charging)和特别推荐(special recognition)的方式,“绿色设计师”获得了更多的帮助。

60. 答案 A。解析：由 Natalie Hormilla 定位到原文尾段第 2 行，原文为 By her own admission，green just isn't yet on her mind。not on one's mind 意思是"根本没有考虑过"，因此和选项 A 中的 not care about it 最为接近。B、C 都是表示对绿色材料功能方面的怀疑，D 选项表示对绿色时尚的反对，均不符合原文。

61. 答案 B。解析：由全文最后一句 But one day it will be，可见作者对 green fashion 是持肯定和乐观态度的。本题考生易错选 A，A 错在 soon 一词，soon 表示"很快"，但文章并没有表达时间上"很快成为主流"这一层意思。而 B 中的 promising 意思是"有希望的，有前途的"更符合原文意思。

3）重新设计后的试题

57. What is said about Future Fashion?

A) It inspired many leading designers to start going green.

B) It showed that designers using organic fabrics would go far.

C) It served as an example of how fashion shows should be organized.

D) It convinced the public that fashionable clothes should be made durable.

E) It showed that green design involved using sustainable and organic fabrics.

58. According to Scott Hahn，one big challenge to designers who will go organic is that ________.

A) they have to create new brands for clothes made of organic materials

B) customers have difficulty telling organic from non-organic materials

C) quality organic replacements for synthetics are not readily available

59. We learn from Paragraph 3 that designers who undertake green fashion ________.

A) are readily recognized by the fashion world

B) can buy organic cotton at favorable prices

C) are gaining more and more support

60. What is Natalie Hormilla's attitude toward ecofashion?

A) She doesn't seem to care about it.

B) She doesn't think it is sustainable.

C) She is doubtful of its practical value.

61. What does the author think of the future of green fashion?

A) Pessimistic.

B) Optimistic.

C) Uncertain.

D) Promising.

4)重新设计后各选项的分值

57. A) 2 B) −1 C) −2 D) −1 E) 2

58. A) −1 B) −1 C) 2

59. A) −1 B) −1 C) 2

60. A) −1 B) 2 C) −1

61. A) −1 B) 1 C) −1 D) 1

5)重新设计的说明

57 题：增加了一个正确选项 E，调整了选项的分值。

58—60 题：减少了一个干扰项，正确选项不变。

61 题：题干和选项都有较大变动。正确选项为两个。

6)重新设计前后的比较

表 4-4 阅读理解重新设计前后的比较

	正确选项数量	错误选项数量	正确选项分值	错误选项分值	正误选项分值之和	选择项字数
重新设计前	5	15	5	0	5	234
重新设计后	7	11	12	−12	0	200

4.2.2.2 段落匹配

2013 年 12 月大学英语四级考试改革样题中，阅读理解部分出现一种新题型，即段落匹配题。笔者个人认为，这道题多为“文字游戏”，因为在监考中发现，考生凭句中的关键词满篇找来找去，即使“做”出几道出来，试问：文章内容理解了吗？考生需要对文章内容理解吗？考查到什么能力了？为此，笔者想用“多选奖惩法”对该题进行弥补式改进，但已经不可能尽善尽美。

1)试题

Section B

Directions: In this section, you are going to read a passage with ten statements attached to it. Each statement contains information given in one of the paragraphs. Identify the paragraph from which the information is derived. You may choose a paragraph more than once. Each paragraph is marked with a letter. Answer the questions by marking the corresponding letter on Answer Sheet 2.

Universities Branch Out

A) As never before in their long history, universities have become instruments of national competition as well as instruments of peace. They are the place of the scientific discoveries that move economies forward, and the primary means of educating the talent required to obtain and maintain competitive advantage. But at the same time, the opening of national borders to the flow of goods, services, information and especially people has made universities a powerful force for global integration, mutual understanding and geopolitical stability.

B) In response to the same forces that have driven the world economy, universities have become more self-consciously global: seeking students from around the world who represent the entire range of cultures and values, sending their own students abroad to prepare them for global careers, offering courses of study that address the challenges of an interconnected world and collaborative(合作的) research programs to advance science for the benefit of all humanity.

C) Of the forces shaping higher education none is more sweeping than the movement across borders. Over the past three decades the number of students leaving home each year to study abroad has grown at an annual rate of 3.9 percent, from 800,000 in 1975 to 2.5 million in 2004. Most travel from one developed nation to another, but the flow from developing to developed countries is growing rapidly. The reverse flow, from developed to developing countries, is on the rise, too. Today foreign students earn 30 percent of the doctoral degrees awarded in the United States and 38 percent of those in the United Kingdom. And the number crossing borders for undergraduate study is growing as well, to 8 percent of the undergraduates at America's best institutions and 10 percent of all undergraduates in the U.K. In the United States, 20 percent of the newly hired professors in science and engineering are foreign-born, and in China many newly hired faculty members at the top research universities received their graduate education abroad.

D) Universities are also encouraging students to spend some of their undergraduate years in another country. In Europe, more than 140,000 students participate in the Erasmus program each year, taking courses for credit in one of 2,200 participating institutions across the continent. And in the United States, institutions are helping place students in summer internships(实习) abroad to prepare them for global careers. Yale and Harvard have led the way, offering every undergraduate at least one international study or internship opportunity—and providing the financial resources to make it possible.

E）Globalization is also reshaping the way research is done. One new trend involves sourcing portions of a research program to another country. Yale professor and Howard Hughes Medical Institute investigator Tian Xu directs a research center focused on the genetics of human disease at Shanghai's Fudan University, in collaboration with faculty colleagues from both schools. The Shanghai center has 95 employees and graduate students working in a 4,300-square-meter laboratory facility. Yale faculty, postdoctors and graduate students visit regularly and attend videoconference seminars with scientists from both campuses. The arrangement benefits both countries; Xu's Yale lab is more productive, thanks to the lower costs of conducting research in China, and Chinese graduate students, postdoctors and faculty get on-the-job training from a world-class scientist and his U.S. team.

F）As a result of its strength in science, the United States has consistently led the world in the commercialization of major new technologies, from the mainframe computer and the integrated circuit of the 1960s to the Internet infrastructure（基础设施）and applications software of the 1990s. The link between university-based science and industrial application is often indirect but sometimes highly visible: Silicon Valley was intentionally created by Stanford University, and Route 128 outside Boston has long housed companies spun off from MIT and Harvard. Around the world, governments have encouraged copying of this model, perhaps most successfully in Cambridge, England, where Microsoft and scores of other leading software and biotechnology companies have set up shop around the university.

G) For all its success, the United States remains deeply hesitant about sustaining the research-university model. Most politicians recognize the link between investment in science and national economic strength, but support for research funding has been unsteady. The budget of the National Institutes of Health doubled between 1998 and 2003, but has risen more slowly than inflation since then. Support for the physical sciences and engineering barely kept pace with inflation during that same period. The attempt to make up lost ground is welcome, but the nation would be better served by steady, predictable increases in science funding at the rate of long-term GDP growth, which is on the order of inflation plus 3 percent per year.

H) American politicians have great difficulty recognizing that admitting more foreign students can greatly promote the national interest by increasing international understanding. Adjusted for inflation, public funding for international exchanges and foreign-language study is well below the levels of 40 years ago. In the wake of September 11, changes in the visa process caused a dramatic decline in the number of foreign students seeking admission to U. S. universities, and a corresponding surge in enrollments in Australia, Singapore and the U. K. Objections from American university and business leaders led to improvements in the process and a reversal of the decline, but the United States is still seen by many as unwelcoming to international students.

I) Most Americans recognize that universities contribute to the nation's well-being through their scientific research, but many fear that foreign students threaten American competitiveness by taking their knowledge and skills back home. They fail to grasp that welcoming foreign students to the United States has two important positive effects: first, the very best of them stay in the States and—like immigrants throughout history—strengthen the nation; and second, foreign students who study in the United States become ambassadors for many of its most cherished(珍视) values when they return home. Or at least they understand them better. In America as elsewhere, few instruments of foreign policy are as effective in promoting peace and stability as welcoming international university students.

注意:此部分试题请在答题卡 2 上作答。

46. American universities prepare their undergraduates for global careers by giving them chances for international study or internship.

47. Since the mid-1970s, the enrollment of overseas students has increased at an annual rate of 3.9 percent.

48. The enrollment of international students will have a positive impact on America rather than threaten its competitiveness.

49. The way research is carried out in universities has changed as a result of globalization.

50. Of the newly hired professors in science and engineering in the United States, twenty percent come from foreign countries.

51. The number of foreign students applying toU.S. universities decreased sharply after September 11 due to changes in the visa process.

52. The U.S. federal funding for research has been unsteady for years.

53. Around the world, governments encourage the model of linking university-based science and industrial application.

54. Present-day universities have become a powerful force for global integration.

55. When foreign students leave America, they will bring American values back to their home countries.

2)试题答案

46. D 47. C 48. I 49. E 50. C 51. H 52. G 53. F 54. A 55. I

3)重新设计后的试题

Section B

Directions: In this section, you are going to read a passage with three or four statements attached to the paragraph to be tested. The number of answers to each paragraph ranges from 1 to 3 or1 to 4. Make sure not to choose the ONE(s) you have no confidence in, since any wrong choices means certain amounts of deduction from your scores.

Universities Branch Out

As never before in their long history, universities have become instruments of national competition as well as instruments of peace. They are the place of the scientific discoveries that move economies forward, and the primary means of educating the talent required to obtain and maintain competitive advantage. But at the same time, the opening of national borders to the flow of goods, services, information and especially people has made universities a powerful force for global integration, mutual understanding and geopolitical stability.

1. According to the above paragraph, which of the following statements is/are true?
   A) The U.S. federal funding for research has been unsteady for years.
   B) Present-day universities have become a powerful force for global integration.
   C) Around the world, governments encourage the model of linking university-based science and industrial application.

In response to the same forces that have driven the world economy, universities have become more self-consciously global: seeking students from around the world who represent the entire range of cultures and values, sending their own students abroad to prepare them for global careers, offering courses of study that address the challenges of an interconnected world and collaborative(合作的) research programs to advance science for the benefit of all humanity.

Of the forces shaping higher education noneis more sweeping than the movement across borders. Over the past three decades the number of students leaving home each year to study abroad has grown at an annual rate of 3.9 percent, from 800,000 in 1975 to 2.5 million in 2004. Most travel from one developed nation to another, but the flow from developing to developed countries is growing rapidly. The reverse flow, from developed to developing countries, is on the rise, too. Today foreign students earn 30 percent of the doctoral degrees awarded in the United States and 38 percent of those in the United Kingdom. And the number crossing borders for undergraduate study is growing as well, to 8 percent of the undergraduates at America's best institutions and 10 percent of all undergraduates in the U.K. In the United States, 20 percent of the newly hired professors in science and engineering are foreign-born, and in China many newly hired faculty members at the top research universities received their graduate education abroad.

2. According to the above paragraph, which of the following statements is/are true?

A) Since the mid-1970s, the enrollment of overseas students has increased at an annual rate of 3.9 percent.

B) The way research is carried out in universities has changed as a result of globalization.

C) Of the newly hired professors in science and engineering in the United States, twenty percent come from foreign countries.

Universities are also encouraging students to spend some of their undergraduate years in another country. In Europe, more than 140,000 students participate in the Erasmus program each year, taking courses for credit in one of 2,200 participating institutions across the continent. And in the United States, institutions are helping place students in summer internships(实习) abroad to prepare them for global careers. Yale and Harvard have led the way, offering every undergraduate at least one international study or internship opportunity—and providing the financial resources to make it possible.

Globalization is also reshaping the way research is done. One new trend involves sourcing portions of a research program to another country. Yale professor and Howard Hughes Medical Institute investigator Tian Xu directs a research center focused on the genetics of human disease at Shanghai's Fudan University, in collaboration with faculty colleagues from both schools. The Shanghai center has 95 employees and graduate students working in a 4, 300-square-meter laboratory facility. Yale faculty, postdoctors and graduate students visit regularly and attend videoconference seminars with scientists from both campuses. The arrangement benefits both countries; Xu's Yale lab is more productive, thanks to the lower costs of conducting research in China, and Chinese graduate students, postdoctors and faculty get on-the-job training from a world-class scientist and his U.S. team.

As a result of its strength in science, the United States has consistently led the world in the commercialization of major new technologies, from the mainframe computer and the integrated circuit of the 1960s to the Internet infrastructure (基础设施) and applications software of the 1990s. The link between university-based science and industrial application is often indirect but sometimes highly visible: Silicon Valley was intentionally created by Stanford University, and Route 128 outside Boston has long housed companies spun off from MIT and Harvard. Around the world, governments have encouraged copying of this model, perhaps most successfully in Cambridge, England, where Microsoft and scores of other leading software and biotechnology companies have set up shop around the university.

For all its success, the United States remains deeply hesitant about sustaining the research-university model. Most politicians recognize the link between investment in science and national economic strength, but support for research funding has been unsteady. The budget of the National Institutes of Health doubled between 1998 and 2003, but has risen more slowly than inflation since then. Support for the physical sciences and engineering barely kept pace with inflation during that same period. The attempt to make up lost ground is welcome, but the nation would be better served by steady, predictable increases in science funding at the rate of long-term GDP growth, which is on the order of inflation plus 3 percent per year.

American politicians have great difficulty recognizing that admitting more foreign students can greatly promote the national interest by increasing international understanding. Adjusted for inflation, public funding for international exchanges and foreign-language study is well below the levels of 40 years ago. In the wake of September 11, changes in the visa process caused a dramatic decline in the number of foreign students seeking admission to U.S. universities, and a corresponding surge in enrollments in Australia, Singapore and the U.K. Objections from American university and business leaders led to improvements in the process and a reversal of the decline, but the United States is still seen by many as unwelcoming to international students.

Most Americans recognize that universities contribute to the nation's well-being through their scientific research, but many fear that foreign students threaten American competitiveness by taking their knowledge and skills back home. They fail to grasp that welcoming foreign students to the United States has two important positive effects: first, the very best of them stay in the States and—like immigrants throughout history—strengthen the nation; and second, foreign students who study in the United States become ambassadors for many of its most cherished(珍视) values when they return home. Or at least they understand them better. In America as elsewhere, few instruments of foreign policy are as effective in promoting peace and stability as welcoming international university students.

3. According to the above paragraph, which of the following statements is/are true?

A) The number of foreign students applying toU. S. universities decreased sharply after September 11 due to changes in the visa process.

B) American universities prepare their undergraduates for global careers by giving them chances for international study or internship.

C) The enrollment of international students will have a positive impact on America rather than threaten its competitiveness.

D) When foreign students leave America, theywill bring American values back to their home countries.

4)重新设计后试题的答案

1. 答案为 B。
2. 答案为 AC。
3. 答案为 CD。

5)重新设计说明

第一,指令有所修改。强调“选错扣分”,改变传统做题思路和习惯。

第二,考查对象可以是文章中的任一段落,重点突出,有利于应试者对内容的理解。

第三,试题有 10 道题减少为 3 道题,简练而有重点。

4.2.2.3 填词

值得一提的是,2006 年 6 月大学英语四级考试中,阅读理解部分出现一种新题型,即填词题。试题及答案详解如下:

Section A

Directions: In this section, there is a passage with ten blanks. You are requested to select one word for each blank from a list of choices given in a word bank following the passage. Read the passage through carefully before making your choices. Each choice in the bank is identified by a letter. Please mark the corresponding letter for each item on Answer Sheet 2 with a single line through the centre. You may not use any of the words in the bank more than once.

Questions 47 to 56 are based on the following passage.

El Nino is the name given to the mysterious and often unpredictable change in the climate of the world. This strange __47__ happens every five to eight years. It starts in the Pacific Ocean and is thought to be caused by a failure in the trade winds (信风), which affects the ocean currents driven by these winds. As the trade winds lessen in __48__, the ocean temperatures rise, causing the Peru current flowing in from the east to warm up by as much as 5℃.

The warming of the ocean has far-reaching effects. The hot, humid (潮湿的) air over the ocean causes severe __49__ thunderstorms. The rainfall is increased across South America, __50__ floods to Peru. In the West Pacific, there are droughts affecting Australia and Indonesia. So while some parts of the world prepare for heavy rains and floods, other parts face drought, poor crops and __51__.

El Nino usually lasts for about 18 months. The 1982—83 El Nino brought the most __52__ weather in modern history. Its effect was worldwide and it left more than 2,000 people dead and caused over eight billion pounds __53__ of damage. The 1990 El Nino lasted until June 1995. Scientists __54__ this to be the longest El Nino for 2,000 years.

Nowadays, weather experts are able to forecast when an El Nino will __55__, but they are still not __56__ sure what leads to it or what affects how strong it will be.

注意:此部分试题请在答题卡 2 上作答。

A) estimate	I) completely
B) strength	J) destructive
C) deliberately	K) starvation
D) notify	L) bringing
E) tropical	M) exhaustion
F) phenomenon	N) worth
G) stable	O) strike
H) attraction	

【答案详解】

47. F)。空格位于形容词之后,应填名词。由第一句神秘的不可预测的世界气候的变化,确定第二句意思为:这种奇怪的现象每隔 5 到 8 年发生一次。填 phenomenon。

48. B)。空格位于介词后,应填名词。结合句意,随着信风力量减弱,海洋温度上升。

49. E)。空格位于名词之前,应填形容词。结合句意,海洋上空热湿的空气引起热带雷雨。填 tropical。

50. L)。空格之前为句子主干部分,结构完整,判断空格部分为分词短语作状语。结合句意,跨越南美后,降雨量增加,导致秘鲁洪水。填 bringing。

51. K)。该部分为名词并列平行结构,空格处应该是名词,应填 starvation。

52. J)。由上下文可知,厄尔尼诺导致洪涝灾害,人亡物损。而 1982—1983 厄尔尼诺的影响是世界性的。所以空格处表现代史上最具破坏性的天气。填 destructive。

53. N)。根据句意,1982—1983 厄尔尼诺导致 2000 人死亡,引起超过价值800亿英镑的损失。填worth,表以金钱衡量的价值。

54. A)。空格处缺少谓语动词,根据句意,科学家评定1991年厄尔尼诺为史上2000年来持续时间最长的一次。

55. O)。空格位于will之后,应填动词原形。根据句意,天气学家现在能够预测厄尔尼诺何时发生,填strike,表示灾难突然侵袭。

56. I)。该句结构完整,空格位于系动词be not和表语形容词sure之间,判断应填副词。根据句意,天气学家现在能够预测厄尔尼诺何时发生,但是他们仍然无法完全肯定是什么因素导致该现象或者什么影响了它的强度。填completely。

该题型实际上就是完形填空题的一种变体,只是换了一种考法,考查的重点仍然是词汇和结构。此次改革,全面封杀了“词汇与结构”,但增加了该题型,不难看出此次改革的“用心良苦”。如果要用“多选奖惩法”对该题型进行重新设计,那就相当于重新设计一套完形填空题。滑稽的是,2013年12月大学英语考试改革中封杀了“完形填空题”,难道是这两种题型有冲突?还是“完形填空题”过时了,本该“寿终正寝”?还是有其他原因?

4.2.3 词汇结构

英语测试中的词汇结构题主要考查分立的词汇或语法知识点。词汇结构的传统题型是四项单选题,如果采用多项多选奖惩题进行重新设计,需要掌握以下几点:

(1)选项数量可以灵活,可以是三项,可以是四项,也可以是五项,但不超过五项。

(2)正确选项的增加取决于试题本身,通常采用增加同义选项的办法。

(3)错误选项的数量不宜过多,所以,通常会将原题的四项改为三项,减轻应试者的选择压力。

(4)正误选项的比例关系到整个试卷的难度,要根据要求进行调整。

具体设计方法可以参见表3-6、表3-7、表3-8和表3-9。

下面以2005年12月大学英语四级考试中的“词汇与结构”题为例,具体探讨一下“多选奖惩法”在这类试题中的灵活运用。这个实例具有纪念意义,因为从此之后,“词汇与结构”题在大学英语考试中被封杀。

1)试题

Part Ⅲ Vocabulary and Structure (20 minutes)

Directions: There are 30 incomplete sentences in this part. For each sentence there are four choices marked A), B), C) and D). Choose the ONE that best completes the sentence. Then mark the corresponding letter on the Answer Sheet with a single line through the center.

41. Some people believe that since oil is scarce, the ________ of the motor industry is uncertain.

A) terminal

B) benefit

C) fate

D) estimate

42. To speed up the ________ of letters, the Post Office introduced automatic sorting.

A) treatment

B) delivery

C) transmission

D) departure

43. These overseas students show great ________ for learning a new language.

A) enthusiasm

B) authority

C) convention

D) faith

44. The defense lawyer was questioning the old man who was one of the ________ of the murder committed last month.

A) observers

B) witnesses

C) audiences

D) viewers

45. Politically these nations tend to be ________, with very high birth rates but poor education and very low levels of literacy.

A) unstable

B) reluctant

C) rational

D) unsteady

46. The chairman was blamed for letting his secretary ________ too much work last week.

A) take to

B) take out

C) take away

D) take on

47. “You try to get some sleep. I'll ________ the patient's breakfast, “said the nurse.

A) see to

B) stick to

C) get to

D) lead to

48. The London Marathon is a difficult race. ________, thousands of runners participate every year.

A) Therefore

B) Furthermore

C) Accordingly

D) Nevertheless

49. The bank refused to ________ him any money, so he had to postpone buying a house.

A) credit

B) borrow

C) loan

D) lease

50. The more a nation's companies ________ factories abroad, the smaller that country's recorded exports will be.

A) lie

B) spot

C) stand

D) locate

51. Being ignorant of the law is not accepted as an ________ for breaking the law.

A) excuse

B) intention

C) option

D) approval

52. Within two days, the army fired more than two hundred rockets and missiles at military ________ in the coastal city.

A) goals

B) aims

C) targets

D) destinations

53. It is said in some parts of the world, goats, rather than cows, serve as a vital ________ of milk.

A) storage

B) source

C) reserve

D) resource

54. “This light is too ________ for me to read by. Don't we have a brighter bulb some where”; said the elderly man.

A) mild

B) dim

C) minute

D) slight

55. We have arranged to go to the cinema on Friday, but we can be ________ and go another day.

A) reliable

B) probable

C) feasible

D) flexible

56. We are quite sure that we can ________ our present difficulties and finish the task according to schedule.

A) get across

B) get over

C) get away

D) get off

57. ________ recent developments we do not think your scheme is practical.

A) In view of

B) In favor of

C) In case of

D) In memory of

58. Jessica was ________ from the warehouse to the accounting office, which was considered a promotion.

A) delivered

B) exchanged

C) transferred

D) transformed

59. Mr. Smith asked his secretary to ________ a new paragraph in the annual report she was typing.
A) inject
B) install
C) invade
D) insert

60. There's the living room still to be ________, so that's my next project.
A) abandoned
B) decorated
C) dissolved
D) assessed

61. The old paper mill has been ________ to make way for a new shopping centre.
A) held down
B) kept down
C) cut down
D) torn down

62. It may be necessary to stop ________ in the learning process and go back to the difficult points in the lessons.
A) at a distance
B) at intervals
C) at case
D) at length

63. You can hire a bicycle in many places. Usually you'll have to pay a ________.

A) fare

B) fund

C) deposit

D) deal

64. My grandfather had always taken a ________ interest in my work, and I had an equal admiration for the stories of his time.

A) splendid

B) weighty

C) vague

D) keen

65. ________ quantities of water are being used nowadays with the rapid development of industry and agriculture.

A) Excessive

B) Extensive

C) Extreme

D) Exclusive

66. John cannot afford to go to university, ________ going abroad.

A) nothing but

B) anything but

C) not to speak of

D) nothing to speak of

67. Most laboratory and field studies of human behavior ________ taking a situational photograph at a given time and in a given place.

A) involve

B) compose

C) enclose

D) attach

68. If you don't like to swim, you ________ as well stay at home.

A) should

B) may

C) can

D) would

69. Dr. Smith was always ________ the poor and the sick, often providing them with free medical care.

A) reminded of

B) absorbed in

C) tended by

D) concerned about

70. Thomas Jefferson and John Adams died on July 4, 1826, the fiftieth ________ of American Independence.

A) ceremony

B) occasion

C) occurrence

D) anniversary

2)解析

41. 答案为C。[译文]一些人认为,既然石油资源短缺,那么汽车行业的命运就不确定。[题解]名词辨义:terminal“终点站,终端”;benefit“利益,好处”;fate“天数,命运”,符合句意;estimate“估计,估价,评估”。

42. 答案为B。[译文]为了加快信件的投递,邮局引入了自动分类系统。[题解]近义名词辨析:treatment“对待;处理;治疗”;delivery“递送,交付”,符合句意;transmission“播送;发射;传达室送”;departure“出发,离开”。

43. 答案为A。[译文]这些海外留学生对学习新语言表现出了极大的热情。[题解]名词辨义:enthusiasm“狂热,热心,热情”,符合句意;authority“权威,威信”;convention“大会;协定;习俗,惯例”;faith“信任;信念”。

44. 答案为B。[译文]辩护律师正在询问那位老人,他是上个月谋杀案的目击者之一。[题解]近义名词辨析:observers“观察者”;witnesses“目击者,证人”,符合句意;audiences“观 众,听众”;viewers“电视观众;阅读器”。

45. 答案为A。[译文]这些国家出生率很高,而教育和文化水平低下,所以政治上不稳定。[题解]形似近义形容词辨析:unstable“不牢固的,不稳定的”,符合句意;reluctant“勉强的”;rational“理性的,合理的,推理的”;unsteady“不安定的,反复无常的”。

46. 答案为D。[译文]主席因为上周让他的秘书承担了太多的工作而受到了责备。[题解]动词短语辨义:take to“开始喜欢;开始从事”;take out“拿出,取出”;take away“拿走,减去”;take on“承担,从事;呈现”,符合句意。

47. 答案为 A。[译文]护士说:“你好好睡会儿,我会照管好病人的早餐。”[题解]动词短语辨义:see to“照管,负责”,符合句意;stick to“坚持”;get to“到达”;lead to“导致”。

48. 答案为 D。[译文]伦敦马拉松是一项艰苦的比赛。尽管如此,每年还是有成千上万的人参加。[题解]副词辨义:therefore“因此,所以”;furthermore“而且”;accordingly“因此,从而”;nevertheless“尽管如此”,符合句意。

49. 答案为 C。[译文]银行拒绝给他贷款,因此他不得不推迟买房。[题解]近义动词辨析:credit“相信,信任”;borrow“借,借入”;loan“借,借给”,符合句意;lease“出租,租出,租得”。

50. 答案为 D。[译文]一个国家,其公司在国外建厂越多,那么它所记录的出口量就越小。[题解]近义动词辨析:lie“位于;撒谎”;spot“认出,发现;玷污,弄脏”,此外,此词还可作名词,意为“斑点,污点;地点,场所,现场”;stand“站立;(使)竖立;(使)位于;维持不变;经受”;locate“查找……的地点;使……坐落于”,符合句意。

51. 答案为 A。[译文]不懂法律不能作为违犯法律的借口。[题解]名词辨析:excuse“借口”,符合句意;intention“意图,目的”;option“选项,选择权”;approval“批准,同意”。

52. 答案为 C。[译文]两天之内,军队向那个沿海城市的军事目标发射了两百多枚火箭和导弹。[题解]近义名词辨析:goal“(需要经过长期努力才能实现的预定的且难度较大的)目标”;aim“目标,目的”;target“目标,对象,靶子”,符合句意;destination“目的地”。

53. 答案为 D。[译文]据说,在世界上某些地方,奶的重要来源是山羊,而不是奶牛。[题解]形似近义名词辨析:storage“贮藏(量),贮藏库;存储”;reserve“储备(物);储藏量;预备 队”,此外,reserve 作动词意为“储备,保存;保留;预定,预约”;resource“资源”;source“来源”,符合句意。

54. 答案为 B。[译文]老人说:“这盏灯太暗了,我看不清书上的字。难道我们就找不到一只亮一点的灯泡了吗?”[题解]近义形容词辨析:mild“温和的;温柔的;淡味的;轻微的;适度的”;dim“暗淡的,模糊的;无光泽的;悲观的”,符合句意;minute 微小的;详细的;仔细而准确的”,作名词意为“分钟”;slight“轻微的;微小的”。

55. 答案为 D。[译文]我们已经安排周五去看电影,但是也可以灵活一点改天去。[题解]形似形容词辨析:reliable“可靠的,可信赖的”;probable“也许的,可能的”;feasible“可行的,切实可行的”;flexible“柔韧性,易曲的;灵活的;柔软的,能变形的;可通融的”,符合句意。

56. 答案为 B。[译文]我们很有把握克服目前的困难,按计划完成任务。[题解]动词短语辨析:get across“(使)被了解,(将)讲清楚”;get over“从(疾病、失望等中)恢复过来;克服,解决(问题等)”,符合句意;get away“走开,离开;逃脱”;get off“(从)下来”。

57. 答案为 A。[译文]考虑到最近的进展情况,我们认为你的计划不实际。[题解]介词短语辨析:in view of“鉴于,考虑到”,符合句意;In favor of“支持,赞同;in case of “假如,如果发生;防备”;in memory of “纪念”。

58. 答案为 C。[译文]Jessica 从仓库调到了会计办公室,这被认为是升职了。[题解]形似近义动词辨析:deliver“递送;陈述;发表(一篇演说等);交付;引渡”;exchange“交换”;transfer“转移;调任;传递;转让;改变”,符合句意;transform“转换;改变;改造;使……变形”。

59. 答案为 D。[译文]史密斯先生让他的秘书在她正在打印的年度报告里插入一个新段落。[题解]形似动词辨义:inject“注射;注入”;install“安装”;invade“侵略”;insert“插入”,符合句意。

60. 答案为B。[译文]还有客厅需要装修，那是我的下一项工作。[题解]动词辨义：abandon“放弃”；decorate“装饰；为做室内装修”，符合句意；dissolve“溶解；解散”；assess“估定；评定”。

61. 答案为C。[译文]旧造纸厂已经被拆迁掉，给一个新的购物中心让出地方。[题解]动词短语辨义：cut down“削减，减少；砍倒，杀死”；keep down“压制，镇压”；tear down“拆掉，拆除”，符合句意；hold down“阻止；压制，控制”。

62. 答案为B。[译文]在学习过程中也许有必要每隔一段时间停下来，再回头复习一下课文中的难点。[题解]介词短语辨义：at a distance“有相当距离，不很近；（对某人）保持疏远”；at intervals“每隔一段时间（或距离），不时”，符合句意；at ease“安逸地，自由自在地”；at length“详细地；最终，终于”。

63. 答案为C。[译文]在许多地方你都可以租自行车，通常你得付押金。[题解]近义名词辨析：fare“费用”；fund“资金，基金”；deposit“堆积物，沉淀物；存款；押金，保证金；存放物”，符合句意；deal“交易；（政治上的）密约；份量；买卖”。

64. 答案为D。[译文]我祖父总是对我的工作有着浓厚的兴趣，我对他那个时代的经历有着同样的钦佩和羡慕。[题解]形容词辨义：splendid“壮丽的；辉煌的；极好的”；weighty“重的”；vague“含糊的；不清楚的；茫然的；暧昧的”；keen“热心的；渴望的；锋利的；敏锐的，敏捷的”，符合句意。

65. 答案为B。[译文]如今，随着工农业的快速发展，水的消耗很大。[题解]形似形容词辨义：excessive“过多的；过分的；额外的”；extensive“广大的；广阔的；广泛的”；extreme“尽头的，极端的，极度的；偏激的”；exclusive“排外的；孤高的；独占的；惟一的”。

66. 答案为 C。[译文]约翰读不起大学,更不用说出国了。[题解]表达否定意义的短语辨义:nothing but“只有,只不过”;anything but“绝对不”;not to speak of“更不用说”,符合句意;nothing to speak of“没什么可说的”。

67. 答案为 A。[译文]大多数对于人类行为的实验室研究和实地研究都包含有此项内容,即:在某一时间某一地点拍摄情景照片。[题解]动词辨义:involve“包括;笼罩;潜心于;使陷于”,符合句意;compose“组成;写作;排字;(使)安定”,常用于搭配 be composed of; enclose“放入封套;装入;围绕”;attach“缚上;系上;贴上;配属;隶属于”,后常接 to。

68. 答案为 B。[译文]如果你不想去游泳,那你还是待在家里的好。[题解]固定搭配:may as well“还是……的好”,符合句意。

69. 答案为 D。[译文]史密斯医生总是关心穷人和病人,经常给他们提供免费医疗。[题解]短语辨义:remind sb. of sth.“提醒某人某事”;be absorbed in“专心于”;be tended by“受……照料”;be concerned about“对……关心”,符合句意。

70. 答案为 D。[译文]Thomas Jefferson 和 John Adams 逝世于 1826 年 7 月 4 日,时值美国独立五十周年纪念。[题解]名词辨义:ceremony“典礼;仪式;礼节”;occasion“场合;时机;机会”;occurrence“发生;出现;事件,发生的事情”;anniversary“周年纪念”,符合句意。

3)重新设计后的试题

Part Ⅲ　Vocabulary and Structure（20 minutes）

Directions：There are 30 incomplete sentences in this part. For each sentence there are three to five choices marked A)，B)，C) ，D) and E). The number of answers to each sentence ranges from 1 to 3，1 to 4，or 1 to 5. Make sure not to choose the ONE(s) you have no confidence in，since any wrong choices means certain amounts of deduction from your scores.

41. Some people believe that since oil is scarce，the ________ of the motor industry is uncertain.

A) terminal

B) benefit

C) fate

D) estimate

E) future

42. To speed up the ________ of letters，the Post Office introduced automatic sorting.

A) treatment

B) delivery

C) transmission

43. These overseas students show great ________ for learning a new language.

A) enthusiasm

B) convention

C) faith

44. The defense lawyer was questioning the old man who was one of the ________ of the murder committed last month.

A) observers

B) witnesses

C) audiences

45. Politically these nations tend to be ________, with very high birth rates but poor education and very low levels of literacy.

A) unstable

B) unrest

C) turbulent

D) roily

E) unsettled

46. The chairman was blamed for letting his secretary ________ too much work last week.

A) take to

B) take out

C) take on

47. “You try to get some sleep. I'll ________ the patient's breakfast, “said the nurse.

A) see to

B) stick to

C) lead to

48. The London Marathon is a difficult race. ________, thousands of runners participate every year.
A) Therefore
B) Furthermore
C) However
D) Nevertheless

49. The bank refused to ________ him any money, so he had to postpone buying a house.
A) credit
B) lease
C) loan

50. The more a nation's companies ________ factories abroad, the smaller that country's recorded exports will be.
A) have
B) build
C) establish
D) locate
E) run

51. Being ignorant of the law is not accepted as an ________ for breaking the law.
A) excuse
B) intention
C) option

52. Within two days, the army fired more than two hundred rockets and missiles at military ________ in the coastal city.

A) goals

B) destinations

C) targets

53. It is said in some parts of the world, goats, rather than cows, serve as a vital ________ of milk.

A) storage

B) source

C) reserve

54. “This light is too ________ for me to read by. Don’t we have a brighter bulb some where”; said the elderly man.

A) mild

B) dim

C) slight

55. We have arranged to go to the cinema on Friday, but we can be ________ and go another day.

A) reliable

B) feasible

C) flexible

56. We are quite sure that we can ________ our present difficulties and finish the task according to schedule.

A) get across

B) get over

C) get away

57. ________ recent developments we do not think your scheme is practical.

A) In consideration of

B) In view of

C) In case of

58. Jessica was ________ from the warehouse to the accounting office, which was considered a promotion.

A) delivered

B) exchanged

C) transferred

59. Mr. Smith asked his secretary to ________ a new paragraph in the annual report she was typing.

A) inject

B) install

D) insert

60. There's the living room still to be ________, so that's my next project.

A) decorated

B) dissolved

C) assessed

61. The old paper mill has been ________ to make way for a new shopping centre.

A) held down

B) pulled down

C) torn down

62. It may be necessary to stop ________ in the learning process and go back to the difficult points in the lessons.

A) at a distance

B) at intervals

C) at case

D) at length

63. You can hire a bicycle in many places. Usually you'll have to pay a ________.

A) fare

B) fund

C) deposit

64. My grandfather had always taken a ________ interest in my work, and I had an equal admiration for the stories of his time.

A) splendid

B) great

D) keen

65. ________ quantities of water are being used nowadays with the rapid development of industry and agriculture.

A) Excessive

B) Extensive

C) Extreme

66. John cannot afford to go to university, ________ going abroad.

A) nothing but

B) not to mention

C) not to speak of

67. Most laboratory and field studies of human behavior ________ taking a situational photograph at a given time and in a given place.

A) involve

B) compose

C) enclose

68. If you don't like to swim, you ________ as well stay at home.

A) might

B) may

C) can

69. Dr. Smith was always ________ the poor and the sick, often providing them with free medical care.

A）reminded of

B）absorbed in

C）worried about

D）concerned about

70. Thomas Jefferson and John Adams died on July 4，1826，the fiftieth ________ of American Independence.

A）ceremony

B）occasion

C）anniversary

4)重新设计后试题的答案

41. 答案为 CE。

42. 答案为 B。

43. 答案为 A。

44. 答案为 B。

45. 答案为 ABCDE。

46. 答案为 C。

47. 答案为 A。

48. 答案为 CD。

49. 答案为 C。

50. 答案为 ABCDE。

51. 答案为 A。

52. 答案为 C。

53. 答案为 B。

54. 答案为 B。

55. 答案为 C。

56. 答案为 B。

57. 答案为 AB。

58. 答案为 C。

59. 答案为 D。

60. 答案为 A。

61. 答案为 BC。

62. 答案为 BC。

63. 答案为 C。

64. 答案为 BD。

65. 答案为 B。

66. 答案为 BC。

67. 答案为 A。

68. 答案为 AB。

69. 答案为 CD。

70. 答案为 C。

5)重新设计说明

第一,指令有所修改。强调“选错扣分”,改变传统做题思路和习惯。

第二,四项变三项。主要是删去难题和刁题,减轻了做题压力。个别增加了正确选项。

第三,四项变五项。主要是增加正确选项。

第四,正确选项增加到 46,比原来的 30 多了 16,为应试者提供了更广阔的施展空间,大大提高了试题的效度。

4.2.4 完形填空

完形填空实际上是一种变相的词汇结构题,采用传统的四项单选题。现以 1989 年 12 月大学英语四级考试中的完形填空为例,尝试一下采用四项多选奖惩题对原题进行重新设计。

1)完形填空重新设计前的试题原文

The United States is well-known for its network of major highways designed to help a driver get from one place to another in the shortest possible time. __71__ these wide modern roads are generally __72__ and well maintained, with __73__ sharp curves and many straight __74__, a direct route is not always the most __75__ one. Large highways often pass __76__ scenic areas and interesting small towns. Furthermore, these highways generally __77__ large urban centers, which means that they become crowded with __78__ traffic during rush hours, __79__ the “fast, direct” way becomes a very slow route.

However, there is __80__ always another route to take __81__ you are not in a hurry. Not far from the __82__ new “superhighways”, there are often older, __83__ heavily traveled roads which go through the countryside. __84__ of these are good two-lane roads; others are uneven roads __85__ through the country. These secondary routes may go up steep slopes, along high __86__, or down frightening hillsides to towns __87__ in deep valleys. Through these less direct routes, longer and slower, they generally go to places __88__ the air is clean and the scenery is beautiful, and the driver may have a __89__ to get a fresh, clean __90__ of the world.

2)完形填空重新设计前的选择项和答案

表 4-5 完形填空重新设计前的选择项和答案

试题序号	选择项				答案
71	A) Although	B) Because	C) Since	D) Therefore	A
72	A) stable	B) splendid	C) smooth	D) complicated	C
73	A) little	B) few	C) much	D) many	B
74	A) selections	B) separations	C) series	D) sections	D
75	A) terrible	B) possible	C) enjoyable	D) profitable	C
76	A) to	B) into	C) over	D) by	D
77	A) lead	B) connect	C) collect	D) communicate	B
78	A) large	B) fast	C) light	D) heavy	D
79	A) when	B) for	C) but	D) that	A
80	A) yet	B) still	C) almost	D) quite	C
81	A) unless	B) if	C) as	D) since	B
82	A) relatively	B) regularly	C) respectively	D) reasonably	A
83	A) and	B) less	C) more	D) or	B
84	A) All	B) Several	C) Lots	D) Some	D
85	A) driving	B) crossing	C) curving	D) traveling	C
86	A) rocks	B) cliffs	C) roads	D) paths	B
87	A) lying	B) laying	C) laid	D) lied	A
88	A) there	B) when	C) which	D) where	D
89	A) space	B) period	C) chance	D) spot	C
90	A) view	B) variety	C) visit	D) virtue	A

3)完形填空重新设计后的试题原文

The United States is well-known for its network of major highways designed to help a driver get from one place to another in the shortest possible time. ___71___ these wide modern Roads are generally ___72___ and well maintained, with ___73___ sharp curves and many straight ___74___, a direct route is not always the most ___75___ one. Large highways often pass ___76___ scenic areas and interesting small towns. Furthermore, these highways generally ___77___ large urban centers, which means that they become crowded with ___78___ traffic during rush hours, ___79___ the “fast, direct” way becomes a very slow route.

However, there is ___80___ always another route to take ___81___ you are not in a hurry. Not far from the ___82___ new “superhighways”, there are often older, ___83___ heavily traveled roads which go through the countryside. ___84___ of these are good two-lane roads; others are uneven roads ___85___ through the country. These secondary routes may go up steep slopes, along ___86___ cliffs, or down frightening hillsides to towns ___87___ in deep valleys. Through these less direct routes, longer and slower, they generally go to places where the air is clean and the ___88___ is beautiful, and the driver may have a ___89___ to get a fresh, clean ___90___ of the world.

4)完形填空重新设计后的选择项和答案

表 4－6　完形填空重新设计后的选择项和答案

试题序号	选择项				正确选项	选项分值			
						A	B	C	D
71	A）Although	B）As	C）If	D）While	AD	1	−1	−1	2
72	A）stable	B）colorful	C）simple	D）elegant		−1	−1	−1	−1
73	A）little	B）few	C）much	D）many	B	−1	1	−1	−1
74	A）selections	B）separations	C）series	D）sections	D	−1	−1	−1	1
75	A）terrible	B）enjoyable	C）delightful	D）pleasant	BCD	−1	2	1	1
76	A）to	B）into	C）over	D）by	D	−1	−1	−1	1
77	A）lead	B）connect	C）link	D）communicate	BC	−1	1	1	−1
78	A）large	B）fast	C）much	D）heavy	CD	−1	−1	1	2
79	A）when	B）where	C）but	D）or	A	1	−1	−1	−1
80	A）yet	B）still	C）rather	D）quite		−1	−1	−1	−1
81	A）unless	B）if	C）when	D）since	BC	−1	1	1	−1
82	A）relatively	B）regularly	C）comparably	D）comparatively	AD	1	−1	−1	1
83	A）and	B）less	C）more	D）few	B	−1	1	−1	−1
84	A）All	B）Several	C）Lots	D）Few		−1	−1	−1	−1
85	A）zigzagging	B）twisting	C）curving	D）winding	ABCD	1	1	1	1
86	A）overhanging	B）horrific	C）terrific	D）high	ABCD	1	1	1	1
87	A）lying	B）laying	C）laid	D）lied	A	1	−1	−1	−1
88	A）symbol	B）picture	C）scene	D）scenery	CD	−1	−1	1	1
89	A）space	B）period	C）chance	D）time	C	−1	−1	1	−1
90	A）view	B）sight	C）idea	D）understanding	AB	1	1	−1	−1

5)完形填空重新设计前后的比较

表4-7 完形填空重新设计前后的比较

	正确选项数量	错误选项数量	正确选项分值	错误选项分值	正误选项分值之和
重新设计前	20	60	20	0	20
重新设计后	32	48	35	—48	—13

6)完形填空重新设计前后的实效验证

先让一个班的学生做重新设计前的完形填空,平均得分14.68,超过及格分(12分)2.68,其中肯定包括通过盲目猜测所得的分,有“水分”很正常,因为四项单选题本身避免不了盲目猜测。

再让该班的学生做重新设计后的完形填空。经过重新设计的完形填空题中,正确选项是32项,错误选项是48项,正确选项的分值是35。如果不考虑错误选项的干扰,该完形填空的及格分应该是35分的60%,即21分。做题前提示学生,每道题的正确选项数为0、1、2、3或4,选对一项得1～2分,选错一项扣1分。先让学生进行盲目猜测做题,记录下各自的结果,然后让学生抛弃传统的猜测办法,“理性”地选择,并记录下各自的结果。统计结果表明:对重新设计后的完形填空来讲,靠盲目猜测已经完全行不通了,多数学生的得分竟然是负值,平均得分自然也是负值,场面之惨烈,可想而知;学生“理性”选择后,平均得分虽然变为正值,但是只有11.28分,与及格分(21分)相差甚远,说明学生的整体水平还没有达到及格水平。

从这个实例验证可以看出,由于猜测因素的存在,传统的四项单选奖励题难以真实反映考生的实际水平,而多项多选奖惩题有效限制了猜测因素,测试结果要客观得多。

4.3 应用实例——帕恩词汇测学平台

4.3.1 开发背景

4.3.1.1 词汇学习不容乐观

词汇是语言系统的重要组成部分，因此也是语言学习中的重要内容。尽管人们非常清楚词汇的重要性，但似乎总有种敬而远之的感觉。

第一，学习毅力不够。语言学习，尤其是二语习得，是一个漫长的量变过程，不光要有方法，还要有毅力。词汇学习尤其是这样。经常会看到学习者信誓旦旦拿出一大本英语词典，准备大干一场，却往往草草收兵，难有成效。方法不对，怎会有成效？没有成效，哪来的动力和毅力？

第二，词汇教学缺失。词汇学习不光有方法，还有自身的规律，是一门学问。我国高校英语专业一般都有《词汇学》这门课，但是，大多数英语的课堂教学缺乏词汇学习和记忆的专门辅导，即使有词汇的讲解，多数也是为了满足某篇文章的教学需要。无论是学校，还是培训机构，词汇教学一直是个薄弱环节。

第三，考试改革误导。随着社会的发展，人们对外语的要求越来越高，对大学英语考试的可信度和科学性不断提出质疑。争论较多的是“词汇与结构”的去留问题。社会各界一直对在大学英语考试中考查词汇和语法颇有微词。到了20世纪90年代末，对词汇和语法的考查成了众矢之的，甚至一度被贬为“哑巴英语”的罪魁祸首（谷青松，2010:8）。2006年，全国大学英语四、六级考试委员会在一片批评声中，毅然取消词汇与结构题型，这无疑会给人们传递这么一个信息：词汇和语法不重要了。2013年，全国大学英语四、六级考试委员会取消完形填空题型，无疑对词汇与结构的考查雪上加霜。大学英语考试改了又改，虽然迎合了某层次人士的口味，或多或少缓和了来自社会对考试本身的责难，但业内人士不难发现，新题型只是在形式上淡化了对词汇和语法的考查，而实际上对词汇和语法的要求丝毫没有降低，词汇积累不容忽视，只是好多应试者都“蒙在鼓里”。

4.3.1.2 词汇测试良莠不齐

词汇量是任何英语考试的基石，换句话说，词汇水平的高低在很大程度上影响英语考试的结果。多年来，人们对如何测试词汇量进行了大量研究，推出了很多行之有效的方法和手段。目前，社会上流行的英语词汇量测试工具或软件不少，但良莠不齐，而且大多数对词汇学习的指导意义不大，只是为测而测。下面选择几款介绍一下：

1)东方 MP3 背单词

这是 2002 年 12 月由交大铭泰软件有限公司推出的一款背单词单机软件，市场价只有人民币 29 元。该软件汲取了其他单词软件的精髓，用户只需运行本软件，就会在电脑屏幕上出现一个浮动条，里面有要背的单词及其汉语释义，然后用户就可以干自己的事，只要一有空，就可以看看浮动条上面的单词，不能记住也不要紧，多看几次后，印象自然会加深。当然，本软件有其强大的用户化设置功能，包括浏览窗口中的字体、窗体大小、窗体位置的拖拽、单词显示模式以及更换间隔时间，都可以根据用户的自定义设置而轻松改变。还可以进行专业设置，包括按学习水平自由地给单词分组，每次循环显示一定数量的范围、单词的排列顺序以及发音内容的设置。直到每个单词都看熟了以后再显示下一组。这样下来用户的词汇量每天都会大幅增加，不必花专门的时间去背单词，而且学得很轻松。该软件最大的卖点是不用机器发声，代之以超大容量的真人发声语音库，所有单词的发音均是地地道道真人美式发声，使记忆效率再次提高 15%～20%，让用户想忘都难。

但是，几年之后该软件逐步淡出市场，原因之一是该软件提供的学习手段太依赖用户的自觉性，整个软件似乎和音频化的词典相差无几。

2)沈昂词汇量测试系统

沈昂是上海新东方教师，长期身处英语培训第一线，创立了一个颇具特色的词汇量测试系统，具体如下：

大学英语4级水平(4000词汇量)测试说明：该组词汇从4级高级词汇中精选，遮住下面的对应中文意思，说出每个单词的主要意思即可。测试完请参考答案算出答对的题数n，再用公式(n/40)*2000+2000算出自己的词汇量。比如，用户答对的正确题数为30题(n=30)，则用户的词汇量为(30/40)*2000+2000=3500。

1. amateur	15. tropical	28. accumulate
2. utilize	16. episode	29. initiative
3. legislation	17. frustrate	30. tremendous
4. subsequent	18. humble	31. grind
5. barrier	19. accelerate	32. stale
6. collapse	20. nuisance	33. penetrate
7. inflation	21. stripe	34. temporary
8. recruit	22. rigid	35. sophisticated
9. abandon	23. demonstrate	36. dump
10. withstand	24. realm	37. fatigue
11. justify	25. vibrate	38. sensitive
12. moisture	26. saint	39. quotation
13. halt	27. optical	40. synthetic
14. seminar		

1. 业余爱好者	21. 条纹
2. 利用	22. 严格的,坚硬的
3. 立法,法规	23. 演示,示范
4. 随后的,后来的	24. 领域,王国
5. 障碍,栅栏	25. 振动,摇摆
6. 倒坍,崩溃	26. 圣人,圣徒
7. 通货膨胀	27. 光学的,眼睛的
8. 招募(新兵),吸收新成员	28. 积聚,堆积
9. 抛弃	29. 主动性,首创精神
10. 经受,承受	30. 巨大的
11. 证明…正当,为…辩护	31. 磨碎,碾碎
12. 潮湿,湿气	32. 不新鲜的,陈腐的
13. 停止	33. 渗入,透入
14. 研讨会	34. 暂时的,临时的
15. 热带的	35. 世故的;复杂的
16. 一个事件,(连续剧的)一集	36. 倾倒,倾销
17. 挫败,使沮丧	37. 疲劳
18. 谦逊的,低下的,粗陋的	38. 敏感的
19. 加速,促进	39. 引语;报价
20. 令人讨厌的人或事物	40. 人造的,合成的

大学英语 6 级水平(6000 词汇量)测试说明:该组词汇从 6 级高级词汇中精选,遮住下面的对应中文意思,说出每个单词的主要意思即可。测试完请参考答案算出答对的题数 n,再用公式 $(n/40)*2000+4000$ 算出自己的词汇量。比如,您答对的正确题数为 30 题($n=30$),则您的词汇量为 $(30/40)*2000+4000=5500$。

1. adjacent
2. yacht
3. tentative
4. simultaneous
5. jeopardize
6. boycott
7. gauge
8. hypothesis
9. miniature
10. symphony
11. aesthetic
12. sacred
13. evaporate
14. intrigue
15. unanimous
16. grin
17. furious
18. homogenous
19. liability
20. stereotype
21. tease
22. naïve
23. skeptical
24. deteriorate
25. versatile
26. coupon
27. weird
28. vulnerable
29. rigorous
30. instantaneous
31. remnant
32. simulate
33. questionnaire
34. propaganda
35. subordinate
36. trifle
37. uphold
38. orthodox
39. escort
40. prosecute

1. 邻近的,毗邻的
2. 快艇
3. 试验性的,暂时性的
4. 同时发生的
5. 危及,损害
6. 联合抵制
7. 精确计量,估计
8. 假设,假说
9. 小规模的;缩图
10. 交响乐
11. 美学的,审美的
12. 神圣的
13. 蒸发
14. 激起…的兴趣,密谋
15. 全体一致的
16. 咧嘴笑
17. 狂怒的,激烈的
18. 同性质的
19. 责任;债务
20. 陈规,固定模式
21. 戏弄,取笑
22. 天真的,幼稚的

23. 表示怀疑的	32. 模拟，模仿
24.（使）恶化	33. 调查问卷
25. 多才多艺的，多功能的	34. 宣传
26. 礼券，优惠券	35. 下级的，部属
27. 怪异的	36. 琐事
28. 易受伤害的，脆弱的	37. 举起，支持
29. 严格的，严密的	38. 正统的，正宗的
30. 即刻的，瞬间的	39. 护送；护卫者
31. 剩余	40. 检举，起诉

出国高级水平（12000 词汇量）测试说明：该组词汇从出国考试高级词汇中精选，遮住下面的对应中文意思，说出每个单词的主要意思即可。测试完请参考答案算出答对的题数 n，再用公式（n/40）* 6000＋6000 算出自己的词汇量。比如，用户答对的正确题数为 30 题（n＝30），则用户的词汇量为（30/40）* 6000＋6000＝10500。

1. untapped	12. intrepid	23. kaleidoscopic
2. petrify	13. loquacious	24. soprano
3. elocution	14. mollify	25. camouflage
4. serenity	15. ostracize	26. foliage
5. reflux	16. mundane	27. sphinx
6. redemption	17. verdant	28. uxorious
7. nostalgia	18. oblivious	29. vicissitudes
8. nullify	19. polygon	30. byzantine
9. engulf	20. avid	31. virtuoso
10. fiasco	21. aria	32. pastoral
11. irksome	22. mirage	33. dyspepsia

34. omniscient	37. sanctuary	39. vassal
35. bibliography	38. impromptu	40. wanderlust
36. hallowed		

1. 未开发的	21. 独唱曲,咏叹调
2. 石化,使僵硬	22. 幻影,海市蜃楼
3. 雄辩术	23. 万花筒的,千变万化的
4. 平静,宁静	24. 女高音
5. 逆流	25. 掩饰,伪装
6. 赎回	26. 叶子(总称)
7. 思乡	27. 狮身人面像,谜一样的人
8. 使无效	28. 宠爱妻子的
9. 吞没	29. (人生的)盛衰、变迁
10. 惨败	30. 拜占庭帝国的,错综复杂的
11. 讨厌的	31. 大师,演艺精湛的人
12. 勇敢的	32. 田园生活的,宁静的
13. 多话的	33. 消化不良
14. 平息	34. 无所不知的,博学的
15. 放逐	35. 参考书目,文献学
16. 世俗的	36. 神圣的
17. 翠绿的	37. 圣堂,避难所
18. 遗忘的	38. 即兴的,即席的
19. 多角形	39. 陪臣,诸侯
20. 渴望的	40. 漫游癖,旅游热

严格意义上讲,沈老师创立的词汇量测试系统主要源自自身的教学经验,虽然词汇面很广,也大致能反映测试者的词汇水平,但毕竟取

量有限，只能作为词汇量测试的参考或补充。

3)开心词场

沪江英语的开心词场(http://cichang.hujiang.com/)应该是目前非常火爆的词汇记忆平台。主要特点有：

第一，所有单词书均经过精心选择，词条都经过审核检查，让用户背到最放心的词汇，而且支持英语、日语、法语、韩语等多语种单词书。

第二，通过音、形、意、例句不同方面，学习和背诵单词，单词记忆更合理、全面。对背诵词汇选择个性化闯关模式，计时测试，杜绝记忆假象，轻松在线背单词。

第三，通过开心词场背诵的单词可以加入生词本持续复习。科学记忆曲线，定时提醒复习背诵。复习背诵全新卡片模式，清爽、直观。一天背了多少单词，目标是多少，进步曲线让你对自己的动态进步一目了然。

笔者试用了一下，确实感受到技术带来的全新感受，也发现自己的学生爱不释手，但问题还是存在：

第一，虽然能直观地看出测试结果，但结果覆盖的层面和范围有限，从而对测试者的震撼作用不大。

第二，测试者在闯关中，有种玩游戏的满足感，但词汇记忆毕竟和玩游戏是两回事，记忆效果未必理想。

第三，很多题目中的选项很容易被排除，测试效果大打折扣。如图4-1中，选项A和B很容易被排除，该题只是摆设。

4.3.1.3 在线技术发展迅速

近几年，在线技术在商务、教育、金融、政务管理等领域得到飞速发展，而且随着APP、微信等技术深入千家万户，在线技术给人们带来的各种实惠和便利越来越明显。就拿教育领域来说，各种在线测试平台、在线自主学习平台、教务管理平台、精品课程建设平台、MOOC学习平台都是依靠快速崛起的在线技术而飞速发展起来的。

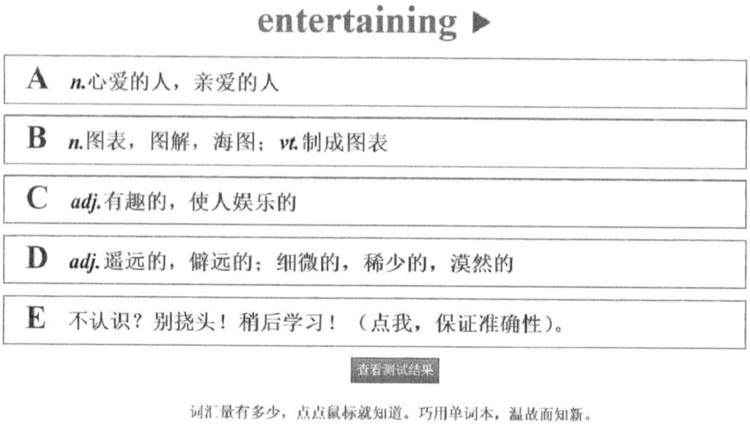

entertaining ▶

A	*n.*心爱的人，亲爱的人
B	*n.*图表，图解，海图；*vt.*制成图表
C	*adj.*有趣的，使人娱乐的
D	*adj.*遥远的，僻远的；细微的，稀少的，漠然的
E	不认识？别挠头！稍后学习！（点我，保证准确性）。

查看测试结果

词汇量有多少，点点鼠标就知道。巧用单词本，温故而知新。

图 4－1　开心词场单词测试

随着在线技术的发展，传统的在线英语测试和学习已经满足不了用户的需要，这种挑战本身就是机遇，给在线英语测试和学习的改革和创新提供了难得的有利条件。

4.3.2　开发历程

2000 年初，笔者临时受聘于南通龙灯化工有限公司外贸科，平时使用 UCDOS 制作发票、装箱单、产地证明等外贸单据，易出错，效率低。不久，自己花 5000 多元在 DIY 市场购了一台配置较高的电脑，还花数百元买了一个 16MB 的优盘，不但很快熟悉了 Office 办公软件，而且对应用编程、网络在线等有了初步了解。

2000 年 7 月，笔者受聘于南通工学院（现南通大学）任教大学英语，开始学习用 Authorware 制作教学课件。Authorware 是一款可视编程软件，功能非常强大。外研社的《新视野大学英语视听说教程》的教学软件就是用该软件制作的。笔者用 Authorware 制作了很多听力教学软件，还曾做了一个简单的四项单选题测试系统。后来，由于种种原因，如软件运行环境要求较高、后台数据交换不畅、源程序资源缺乏等，还是放弃了进一步研究，但积累的编程经验和逻辑思维非常宝贵。

此后，信息技术得到飞速发展，基于 VB、C++、Delphi、Java 等的程序开发深入千家万户。特别是近年来，PHP、ASP、JSP 等动态网站技术越来越成熟，而且与各种数据库的结合越来越方便，给传统的软件开发带来很大挑战。

2007 年 5 月，笔者受聘于上海工程技术大学执教大学英语，逐步萌发开发词汇测试与学习平台的念头。一开始，不知道从何入手，思路是什么，用什么技术手段，最终达到什么目的，都是一头雾水。一个非常偶然的机会让我为之一振。记得是 2009 年初，一个成绩平平的学生在班里谈及自己刚好通过大学英语四级考试的经历。有一点让我印象特别深刻：因为时间来不及，该学生最后做的完形填空都是蒙的。我想，完形填空虽然占分不多，但对运气好的考生来说就不一样了，何况试卷中可以蒙答案的地方何止完形填空。在庆幸该生通过大学英语四级考试的同时，我突然意识到：考试中的猜测因素不容忽视。

2010 年，针对大学英语考试全面取消“词汇与结构”的举动，笔者在《考试周刊》撰文肯定词汇和语法对英语学习和英语考试的重要性，呼吁应试者要重视词汇的积累。也是这个时候，笔者开始构思通过“多选奖惩法”来限制考试中的猜测因素。

2013 年，笔者在《考试周刊》撰文正式推出“多选奖惩法”，并设想用该方法打造一个英语词汇的测试与学习平台。为了学习编程技术和了解主流编程的发展动态，笔者购置了大量相关图书资料（详见附录一）。通过学习、研究和比较，最终决定使用 JSP 动态网站技术与 MySQL 数据库相结合的方式来构思和设计“多选奖惩法”理念下的英语词汇测试与学习平台。

2014 年 1 月，笔者自主研发的“帕恩词汇测试系统”问世，成功获得国家版权局颁发的计算机软件著作权登记证书（2014SR005428）。

9月，该系统正式用于笔者讲授的《边测边学记单词》，在上海工程技术大学的选修课中受到好评。

2015年3月，“帕恩词汇测学平台”问世，成功获得国家版权局颁发的计算机软件著作权登记证书(2015SR089469)。该平台借用“帕恩词汇测试系统”的技术和理念，对前台操作和后台管理作了很大改进，有望跻身庞大的英语词汇测试与学习市场。

4.3.3 平台简介

帕恩词汇测学平台(PINE Vocabulary Online)是一个基于“多选奖惩法”而设计的在线词汇测试与学习平台。该系统理念新颖、操作简单、实效显著。用户不但可以准确测试出某一类别的词汇水平，还可以通过查看“错在哪里”，有针对性地进行学习，提高词汇记忆实效。本平台不但可以满足单个用户的测试与学习需要，还可以为多用户的培训机构或高等院校提供“词汇摸底测试”、“行业词汇学习”、“词汇竞赛”、“词汇在线自主学习”等服务。

该平台集测试与学习为一体，是一个“既看病又治病”的平台。平台的测试是“诊断性”的，可以了解用户某一类别词汇的水平，是一个“看病”的环节。用户可以根据自己的测试结果进行有针对性的词汇学习，这是一个“治病”的环节。

4.3.4 主要优势

4.3.4.1 理念新颖

帕恩词汇测学平台的设计理念源自“多选奖惩法”，是对传统“四项单选”的颠覆。本系统采用“五项多选，有奖有惩”的命题方法，即每道题的答案数目为0个、1个、2个、3个、4个或5个，每个选项的分值有正分也有负分，而且分值会根据难易程度得到细化，极大降低了测试中的猜测因素。该平台不但可以准确测出用户某一类别的词汇水平，而且向用户提供科学的学习平台，辅以大量的学习资料，从而帮助用户在短时间内高效率地提高词汇水平。

4.3.4.2 操作简单

对多数用户来说，词汇测试和学习并不是一件“心甘情愿”的事，因为不但会暴露自己词汇的“家底”，而且词汇学习过程需要动力和毅力。为了给用户一个相对放松的环境，帕恩词汇测学平台在用户操作的设计上尽量做到简单。另外，平台的后台管理采用菜单树管理模式，就像电脑里通常使用的资源管理器，操作也十分简便(见附录二附图1)。

4.3.4.3 实效显著

帕恩词汇测学平台的优势归根结底还是体现在实效方面。对用户来讲，平台是个既“看病”又“治病”的地方，也就是说，用户通过测试发现自己的词汇弱项，然后有针对性地进行学习，再通过测试和学习加以巩固，颇具实效。

平台的实效显著，主要归功于新颖的设计理念，即采用“多选奖惩法”有效地限制了测试中的猜测因素，做到“诊断科学”，为用户通过“对症下药”，高效地进行词汇学习创造了前提条件。

另外，用户可以自由选择测试时间、测试地点和试题数量，使测试处于一个自由、轻松、人性化的环境中，从而让用户正常地发挥水平。

4.3.5 主要功能

帕恩词汇测学平台的前台操作和后台管理虽然简单，但功能都十分强大。在平台中，词汇测试与学习是为用户专门设计的，各种功能的设置都是为了充分体现“多选奖惩法”的理念。下面分别对前台操作和后台管理的主要功能分别加以介绍。

4.3.5.1 前台操作

前台操作是平台赋予用户的主要功能，是用户进行词汇测试和学习的保证，可以让用户直观地感受到“多选奖惩法”理念下词汇测试与学习的与众不同，其具体功能如下：

1)用户登录

用户名通常是“大写英文字母＋数字”，如FDU12345678代表来自复旦大学、学号为12345678的用户，M13818123456代表手机号为13818123456的用户，QQ12345678代表QQ号为12345678的用户等等。默认密码为“123456”。用户登录后可以随时修改密码。若忘记密码，可联系管理员，申请密码重置。虽然附图2(见附录二)界面中提供网上注册，但为了更好地管理用户，通常处于关闭状态。

用户成功登录后，会看到登录后默认的界面(见附录二附图3)。用户可以选择“词汇测试”或“词汇学习”。用户还可以“修改密码”(见附录二附图4)，“修改资料”(见附录二附图5)，进行“后台管理”(有权限的话)。默认的是“词汇测试”界面，用户可以选择“自动出卷”或“题库试卷”。

2)自动出卷

在附图6(见附录二)的自动出卷界面中，用户可以选择有权限的测试类别，并自由选择试题数量。试题类别的权限由管理员分配。选好后，点击“开始测试”就可以进行测试了。

3)词汇测试

在附图7(见附录二)的词汇测试界面中，用户可以轻松勾选答案选项，结束后点击“交卷”即可。需要注意的是，每份试卷都有做题的时间限制，平均每个选项3秒。旁边有倒计时，时间一到，平台自动交卷。

为了保证测试效果，用户须注意：

(1)词汇测试是为了“看病”，测出词汇水平，发现词汇弱点，而词汇学习就是一个“治病”的过程，通过纠正错题，有的放矢。

(2)为了保证学习质量，第一次测试务必勇敢地面对现实，只选有百分之百把握的，不会的、模棱两可的，通通不选。

(3)若想测出自己的词汇水平，建议做两套 100 题的试卷，取两次结果的平均值。

(4)环境允许的话，题目数量可以考虑 20、30、50，甚至 100。

(5)乘坐地铁、银行排号、机场候机等情况下，题目数量锁定为 10，这样会有成就感。

(6)手机测试毕竟受屏幕和网络限制，而且伤眼睛，最好使用电脑。

(7)因特殊情况测试中断的话，不用担心，系统会保存已完成的数据，再次进入即可。

4)词汇学习

测试结束后，用户可以进入“词汇学习”界面(见附录二附图 8)。界面中，用户可以查看所有测试记录，并在“操作”栏中进行查看“测试结果”、“试题详解”和“错在哪里”，并选择“再做一次”进行重新测试。这些都是词汇学习的主要功能。

为了保证学习效果，用户须注意：

(1)第一次测试之后，马上进入“词汇学习”页面，找到相应试卷，查看一下相应的分值(如测试分数、效果分数、折算分数、效果等级等)，大致了解一下自己的词汇水平。

(2)点击“错在哪里”，通过查看“错题详解”认真学习，也可以下载或拷贝相关资料，以便线下学习。

(3)返回后，点击“再做一次”，对照第一次测试与第二次测试的结果。正常情况下，两次结果会相差很大，说明学习效果明显。如果结果相差不大，可能是因为你的词汇水平很高，还有可能是因为你两次测试都“不敢面对现实”，乱选一通。

(4)再次点击“错在哪里”，查看“错题详解”。

(5)返回后，点击“再做一次”，完成第三次测试。通常，第三次测试基本可以接近满分，已经达到学习目的，不必非拿满分不可，那样太累。

5)错在哪里

在附图 9(见附录二)的界面中，用户不但可以查看到所有选项的分值，还可以通过点击“错题详解”，对该选项进行学习，达到“有的放矢”的学习效果。通常，经过学习之后，马上“再做一次”，测试结果会有明显改观。每份试卷必须拿到 A 才算测试与学习过程结束，才可以进入下一份试卷的测试与学习。

4.3.5.2 后台管理

帕恩词汇测学平台的主要功能体现在后台管理。后台管理是发挥平台作用的重要保证，所以在设计上会根据平台的特点和亮点，对词汇管理、试题管理、试卷管理、用户管理、成绩管理等各模块进行量身定做。

1)词汇管理

词汇管理的主要功能有词性管理、词汇查询、释义管理、释义导入。附图 10(见附录二)是释义管理界面，提供对词汇释义的查询、导出、修改、删除。

2)试题管理

试题管理的主要功能有试题设计、自动命题、试题修改、试题导入。附图 11(见附录二)是试题设计界面，非常直观地体现了“多选奖惩法”的设计理念。附图 12(见附录二)是试题修改的界面，提供对试题的查询、导出、修改、删除。

3)试卷管理

在试卷管理界面(见附录二附图 13)中，可以对试卷进行查询、导出、修改、删除。另外，通过“管理试题”可以更方便地对整个试卷的试题进行管理(见附录二附图 14)。

4)用户管理

用户管理的主要功能有角色管理、用户查询、用户导入、群组用户管理。在附图15(见附录二)用户管理界面中,提供对用户的查询、设置权限、设置角色、重设密码、修改资料、删除。

5)成绩管理

成绩管理是对所有用户测试和学习记录进行集中管理的模块。在附图16(见附录二)所有成绩查询界面中,提供对所有成绩的查询和导出,可以看到所有用户的详细记录。此外,平台提供有权限的“群组成绩查询”,管理更加方便。

4.3.6 实效评估

帕恩词汇测学平台是完全基于“多选奖惩法”而设计的一个英语词汇测试与学习的平台。平台中,用户通过测试客观地了解自己的词汇水平,再通过学习高效地提高自己的词汇水平。那么,如何对平台的实际效果进行评估呢?在此,笔者从功能和应用两个主要方面对平台的实效加以考量。

4.3.6.1 功能实效

功能强大是帕恩词汇测学平台主要优势之一,是“多选奖惩法”得以实施的重要保证。尽管平台的功能很强大,但是,用户和管理员对平台功能的操作非常简便,这有助于发挥平台的实效。除了用户和管理员可以使用的一般功能外,平台围绕“多选奖惩法”设计了不少特色功能,大大提高了平台的实效。

1)命题方面

从某种意义上讲,帕恩词汇测学平台只是一个工具,虽然具备了为用户提高词汇测试与学习的服务功能,但是,如果没有质优量大的题库作为支撑,平台就会成为“无弹的枪”,沦为摆设。

首先,为了保证命题质量,平台为“多选奖惩法”特别设计了一个手动命题模块(见附录二附图11),可以自如地选择并修改选项的释义，并灵活地控制正误选项的比例以及各选项的分值，确保每道试题都能满足“多选奖惩法”的要求。

其次，由于平台的运行要求题库的类别要多，而且题量要大，加上手动命题非常耗时，所以平台设计了一个自动命题的功能，几分钟就可以完成某类别几千道试题的命题任务。

最后，鉴于自动命题的质量总体上不如手动命题，平台允许在后台管理中对所有自动命题进行修改和补充，确保该类别题库的质量和数量达到测试和学习的要求。

2)评分方面

评分方法的科学性和评分手段的有效性都会对测试结果的统计和分析产生重要影响。帕恩词汇测学平台对测试的评分既科学又有效，保证了测试结果的客观性。

首先，试题中每个选项的分值都已细化(－5、－4、－3、－2、－1、0、1、2、3、4、5)，正误选项的比例业已确定，完全体现出“多选奖惩法”的科学性。

其次，用户交卷或平台自动交卷后，平台会马上显示测试结果(见附录二附图 17)，并同时保存于后台数据库，供用户在“词汇学习”模块中查询。

3)管理方面

帕恩词汇测学平台的后台管理功能非常强大，其中很多功能都是平台的亮点，为提高平台的实效发挥了重要作用。譬如，在附图 18(见附录二)的参数管理中，可以对用户注册、折算分的算法、及格分的算法、每道试题的做题时间等进行设置。其中，及格分的算法对测试结果会产生直接影响，但在具体设置的时候会有不少变化的余地，旨在更好地对“多选奖惩法”的实效进行动态观测，得到科学而全面的评估。再如，在附图 19(见附录二)的角色管理中，可以添加角色，还可以对角色进行管理，更好发挥平台的实效。

4.3.6.2 应用实效

对应用实效进行考量是对帕恩词汇测学平台进行实效评估的重中之重，因为平台的最终目的就是充分发挥平台的应用价值，而平台的应用主要体现在测试和学习两个主要方面。

1)测试实效

平台的测试实效主要体现在测试的客观性、全面性、快捷性和灵活性。

第一，平台的测试使用“五项多选奖惩题”，几乎排除了测试过程中的猜测因素。笔者曾经做了一次简单的验证。在平台中通过“自动出卷”取得一份 20 道题的六级试卷(详见附录三)。

该试卷的最高分为 155 分，最低分为 −344 分，及格分为 90 分。笔者将这份试卷放入平台的“题库试卷”中，让全班学生做，事先不告诉学生该试卷的命题方式和计分办法，目的是让学生按照传统的“四项单选”思路做题。结果非常震撼：全班绝大部分学生的得分是负值；学生的最高分和最低分没有任何可参考的价值；及格率几乎为零，没有反映了学生的实际水平。这说明，盲目猜测在平台的测试中根本行不通，只能毫无条件地放弃。试想，如果将上面的试卷改成传统的“四项单选题”，结果肯定会“大为改观”。然后，笔者详细介绍平台的设计思路，告诫学生不要盲目猜测，重新测试一下，看看自己的实际水平。学生们都很感兴趣，也很配合。结果变得明显真实和客观：得分是负值的学生大大减少；学生的最高分和最低分都具有可参考的价值；及格率虽然很低，但基本上客观地反映了学生的实际水平。

2)学习实效

在英语学习中，词汇的学习和积累虽然很重要，但是需要充裕的时间、恰当的方法和手段、以及足够的毅力。对每个学习者来讲，时间和毅力都处于同一起跑线，就看个体差异，而方法和手段就不一样了。

譬如，同样是背词典，有方法和没方法就不一样。笔者曾经向学生介绍了自创的"背词典三步法",效果不错。第一步为"标记":用荧光笔将一看就不认识或不熟悉的单词进行涂标,做到边标边仔细阅读。第二步为"抄写":将第一步中标记的单词及其释义和例句全部抄写一遍,必须按质按量,坚持到底。第三步为"再标":等全部抄写完毕之后,用荧光笔将抄写本中一看就不认识或不熟悉的单词再进行涂标,也要求做到边标边仔细阅读。这样,所有"再标"的单词就是自己的弱项,经常拿出来看看,效果十分明显。

也许是受了上述"背词典三步法"的启发和影响,帕恩词汇测学平台中的学习过程同样注重"有的放矢"和"不断重复"。

首先,平台测试的客观性可以帮助用户了解自己真实的词汇水平,而且用户在学习过程中可以通过查看"错在哪里",具体了解自己的词汇弱项。这样,用户可以在"有的放矢"的状况下进行词汇学习,提高学习实效。另外,用户在学习过程中可以通过"试题详解"功能查看或下载某试卷所有选项的详解(详见附录三),以便线下学习。

其次,"不断重复"是平台发挥实效的基本要求。对每份试卷来讲,用户的学习可以根据具体情况,通过"再做一次"验证自己的学习效果,通常要求"拿不到A不罢休"。另外,用户可以通过"自动出卷",不断挑战新的测试,不断开始新的学习。如此往复,效果自然出来。笔者在自己开设的选修课《边测边学记单词》上,不断鼓励和鞭策学生充分利用平台的优势,多测试,多学习,保证每天有记录,每天有收获。很多学生每天测试和学习100道题以上,涵盖500个以上的选择项,至少涉及400个单词。一个学期(16周)下来,这些学生的词汇量大有提高。

4.4 小结

本章是关于"多选奖惩法"的应用。

首先，对“多选奖惩法”的应用前景加以展望。笔者指出，利用“多选奖惩法”设计的多项多选奖惩题，除了具有传统四项单选题的优势之外，还具有一些自身的优势，并对其前景持乐观态度。

其次，以大学英语考试为对象，从听力理解、阅读理解、词汇结构和完形填空四个方面介绍该题型的具体应用。

最后，以“帕恩词汇测学平台”为实例，从开发背景、开发历程、平台简介、主要优势、主要功能、实效评估六个方面细致探讨了“多选奖惩法”在实践中的应用。

附　　录

一、著者在研发词汇测试与学习平台过程中所参考的主要图书资料

《Delphi 程序开发范例宝典(第三版)》(人民邮电出版社,2012)

《Dreamweaver CS4 + ASP 2.0 + Access 2003 Web 应用开发完美演绎》(中国铁道出版社,2009)《Dreamweaver 8 和 JSP 动态网站开发》(机械工业出版社,2007)

《深入浅出 SQL Server 2005 开发、管理与应用实例》(人民邮电出版社,2008)

《ASP.NET 项目开发案例全程实录(第 2 版)》(清华大学出版社,2011)

《JSP 项目开发案例全程实录(第 2 版)》(清华大学出版社,2011)

《MySQL 实用教程》(电子工业出版社,2012)

《Java JDK 7 学习笔记》(清华大学出版社,2012)

《Java 从入门到精通(第 3 版)》(清华大学出版社,2012)

《Apache 服务器配置与使用工作笔记》(电子工业出版社,2012)

《深入剖析 Tomcat》(机械工业出版社,2013)

《从零开始学 Eclipse》(中国铁道出版社,2010)

二、帕恩词汇测学平台的主要界面

欢迎使用帕恩词汇测学平台!
试题管理
用户管理
成绩管理

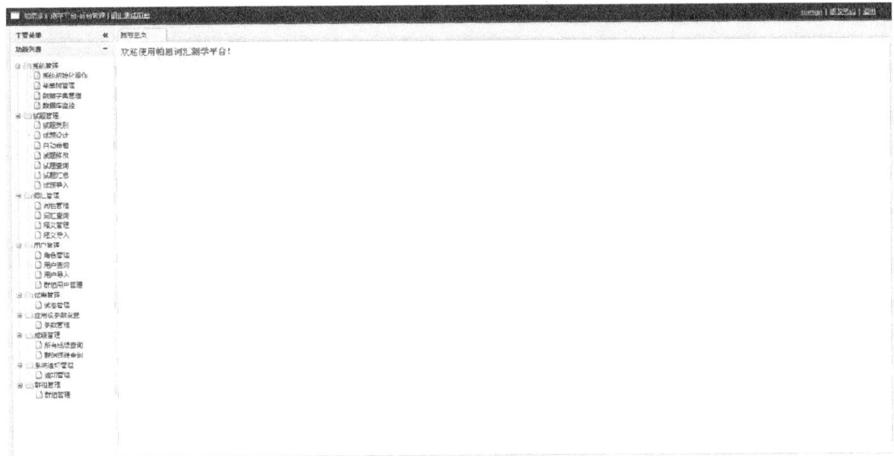

附图 1　后台管理界面

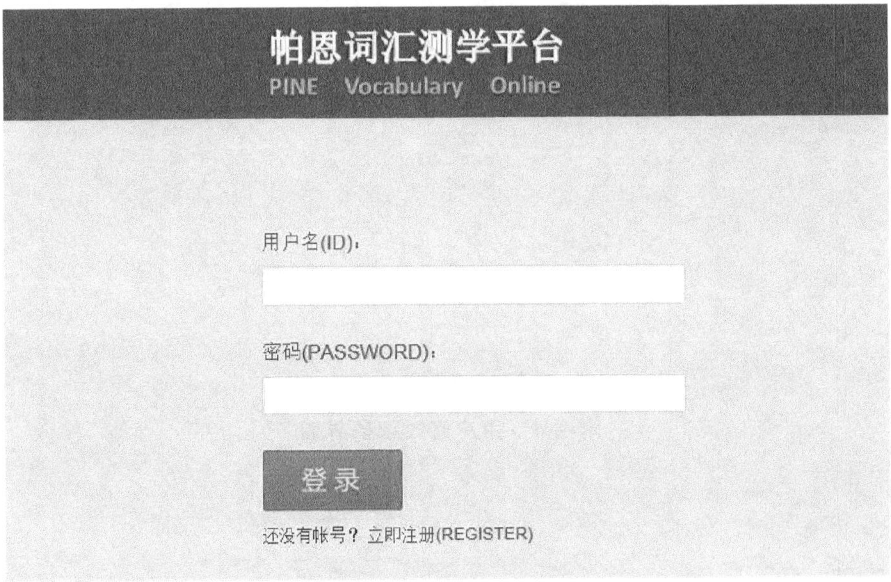

帕恩词汇测学平台
PINE Vocabulary Online
用户名(ID):
密码(PASSWORD):
登录
还没有帐号? 立即注册(REGISTER)

附图 2　用户登录界面

帕恩词汇测学平台
PINE Vocabulary Online
后台管理
修改密码
修改资料
退出
词汇测试
词汇学习
个人信息
姓名：上海工程技术大学
自动出卷
题库试卷

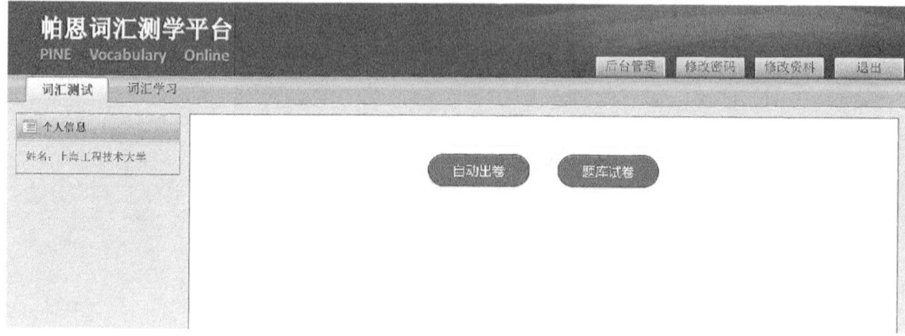

附图 3　登录后默认界面

帕恩词汇测学平台
PINE Vocabulary Online
后台管理
修改密码
修改资料
退出
词汇测试
词汇学习
个人信息
姓名：上海工程技术大学
*原密码：
*新密码：
*确认密码：
保存

附图 4　用户修改密码界面

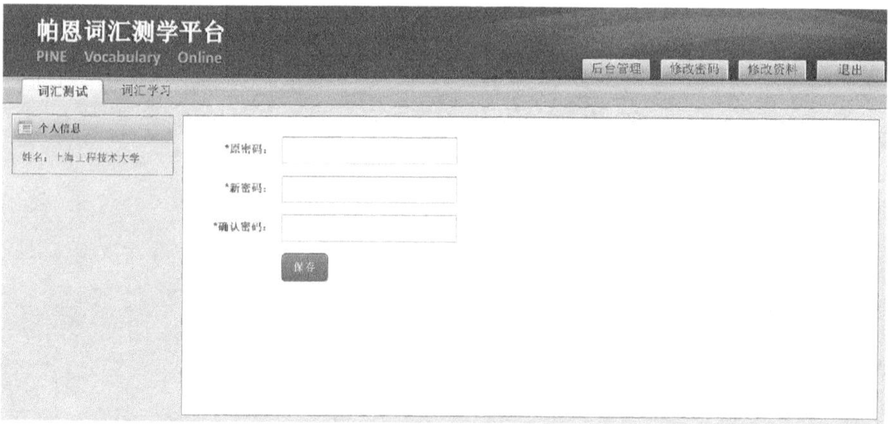

帕恩词汇测学平台
PINE Vocabulary Online
后台管理
修改密码
修改资料
退出
词汇测试
词汇学习
个人信息
姓名：上海工程技术大学
*姓名：
上海工程技术大学
*性别：
男
*出生日期：
2015-08-18
*手机号：
1234567890
*Email：
1234567890@qq.com
*QQ：
1234567890
*身份证：
12345678901234567890

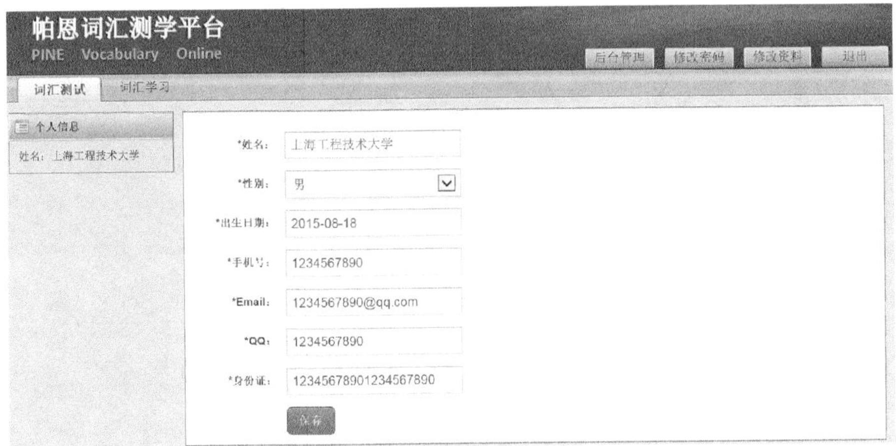

附图 5　用户修改资料界面

帕恩词汇测学平台
PINE Vocabulary Online
后台管理
修改密码
修改资料
退出
词汇测试
词汇学习
个人信息
姓名：上海工程技术大学
*类别：
请选择
*题目数量：
请选择
开始测试

附图 6　自动出卷界面

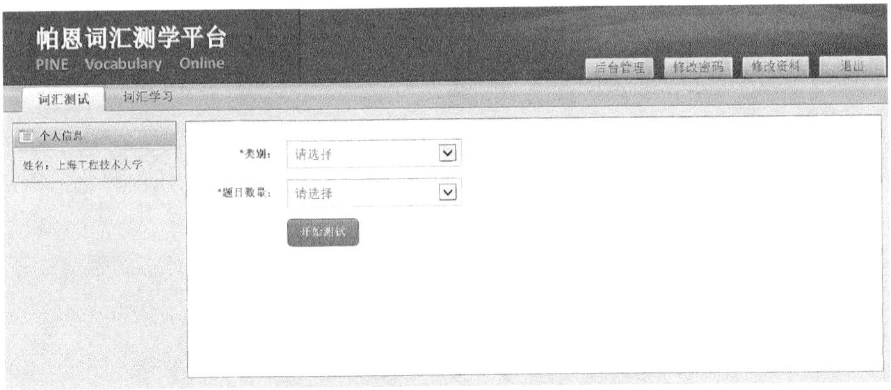

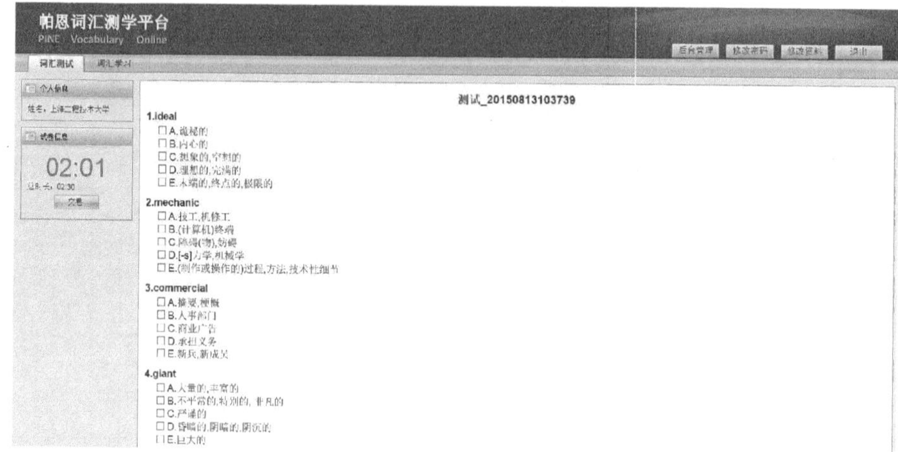

附图 7　词汇测试界面

附图 8　词汇学习界面

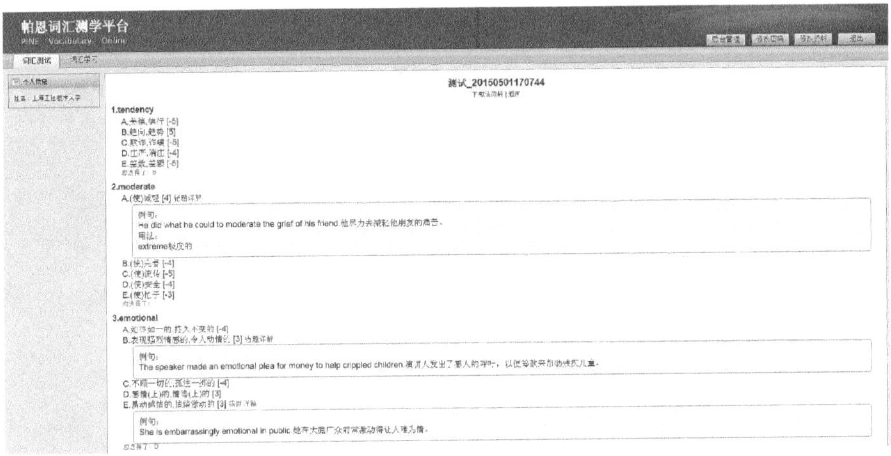

附图 9　错在哪里界面

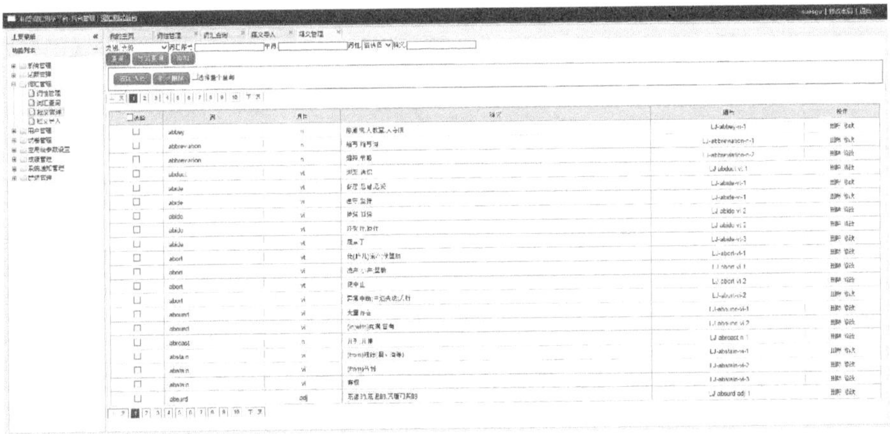

附图 10　释义管理界面

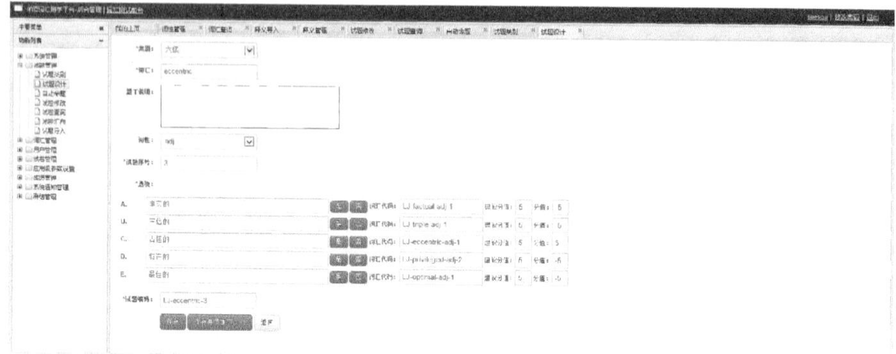

附图 11　试题设计界面

附图 12　试题管理界面

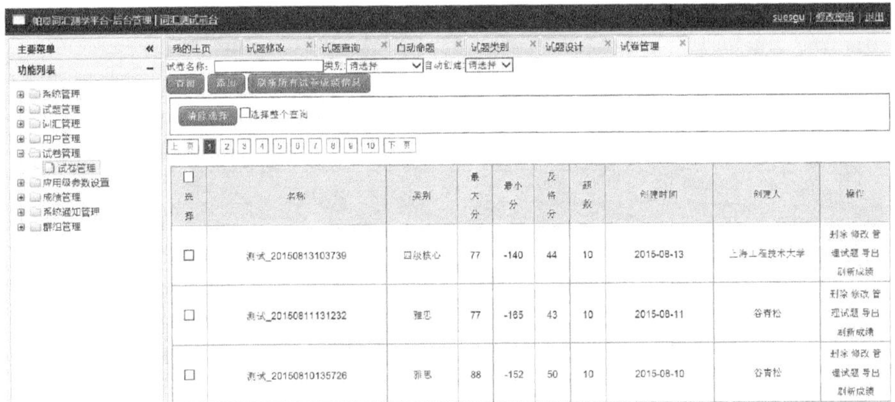

附图 13　试卷管理界面

附图 14　对整个试卷的试题进行管理的界面

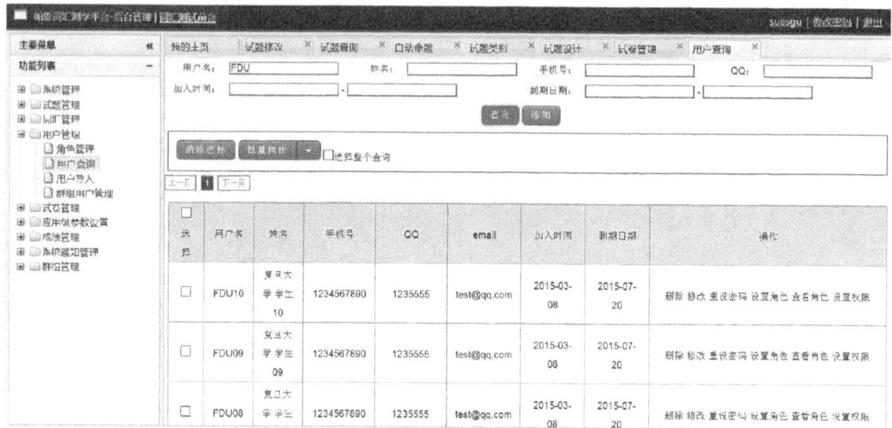

附图 15　用户管理界面

试卷名称	用户名	姓名	成绩	效果分	折算分	效果等级	类别	最高分	最低分	及格分	题目数	交卷时间
测试_20150813103730	sues	上海工程技术大学	0	0.00	0		四级核心	77	-140	44	10	2015-08-13 10:37:50
测试_20150501171335	sues	上海工程技术大学	55	1.03	40	F	四级核心	147	-285	84	20	2015-05-01 17:13:45
测试_20150501170744	sues	上海工程技术大学	37	0.70	36	F	四级核心	146	-279	83	20	2015-05-01 17:08:05
测试_20150501170018	sues	上海工程技术大学	5	0.14	10	F	四级核心	96	-127	56	10	2015-05-01 17:00:29
四级核心名词试卷（限时3分钟）	sues	上海工程技术大学	153	2.52	92	A	四级核心	166	-263	96	20	2015-04-14 08:20:50
测试_20150413182038	sues	上海工程技术大学	0	0.00	2	F	四级核心	54	-159	30	10	2015-04-13 18:20:49
测试_20150311153910	sues	上海工程技术大学	0	0.00	2	F	四级核心	60	-154	33	10	2015-04-13 10:19:21
测试_20150412235023	sues	上海工程技术大学	-13	-0.52	0	F	四级核心	69	-149	39	10	2015-04-12 23:50:34

附图 16　所有成绩查询界面

附图 17　测试结果界面

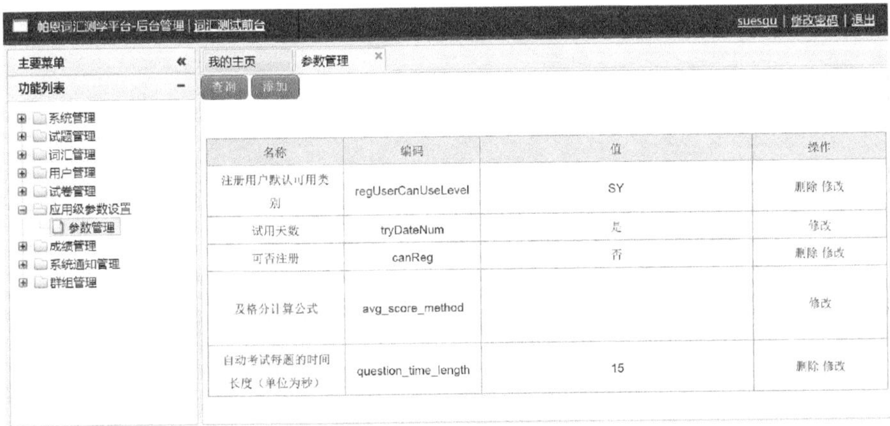

名称	编码	值	操作
注册用户默认可用类别	regUserCanUseLevel	SY	删除 修改
试用天数	tryDateNum	是	修改
可否注册	canReg	否	删除 修改
及格分计算公式	avg_score_method		修改
自动考试每题的时间长度（单位为秒）	question_time_length	15	删除 修改

附图 18　参数管理界面

帕思词汇测学平台-后台管理 | 词汇测试前台
suesgu | 修改密码 | 退出
主要菜单
功能列表
系统管理
试题管理
试题类别
试题设计
自动命题
试题修改
试题查询
试题汇总
试题导入
词汇管理
用户管理
角色管理
用户查询
用户导入
群组用户管理
试卷管理
应用级参数设置
我的主页
参数管理
试题类别
角色管理
角色名
查询
添加
ID
名称
编码
操作
1
系统超级管理员
admin
拥有所有权限不可修改
2
用户管理员
user_manager
删除 修改 设置可操作菜单
3
学员
student
设置可操作菜单
4
命题管理员
question_admin
删除 修改 设置可操作菜单
5
成绩查询
score
删除 修改 设置可操作菜单
6
群组管理员
school_admin
设置可操作菜单

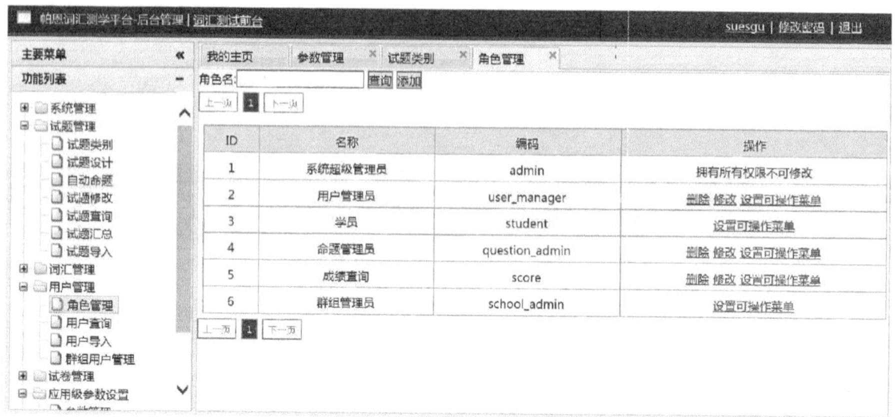

附图 19　角色管理界面

三、帕恩词汇测学平台中通过“自动出卷”生成的一份六级试卷及其详解

［试卷］

1. blockade

A. 封锁

B. 使倒转;使倒置;使颠倒

C. 使隶属(或附属)于

D. 放牧(牛、羊等)

E. 哀悼;痛惜

2. borough

A. 爆竹;鞭炮

B. 自治城镇;(大城市的)行政区

C. 花生

D. 营养(作用);滋养

E. 搅拌器;打蛋器

3. affiliation

A. (短程的)差事;差

B. 许可(证);批准

C. 加入;入会;接纳;合并

D. 联系;从属关系

E. (门等的)开口

4. scramble

A. 徒步旅行

B. 争夺;抢夺

C. 攀登;爬

D. 跌倒;摔下;滚下

E. 赶忙做;奔忙

5. onset

A. 进攻;攻击;突击

B. 丁字形拐杖

C. 派别;派系;学派;流派

D.(坏事)开始;动手

E. 植物;草木

6. hitch

A. 欺骗;欺诈;诡计

B. [总称]家畜;牲畜

C. 熊猫

D. 故障;障碍

E. [语]词缀

7. transient

A. 所有人的

B. 短暂的;转瞬即逝的

C. 有远见的;有洞察力的

D. 临时的;暂住的

E. 回答的

8. clench

A. (用球等)玩杂耍

B. 使纯净;提纯

C. 驱逐

D. 捏紧(拳头等);咬紧(牙齿等)

E. 紧紧握住

9. neutralize

A. 缓冲;减轻

B. 中和

C. 使无效

D. 照料或刷洗(马等)

E. 使中立化

10. smolder

A. 踩踏板;骑车

B. 闷烧;闷燃

C. 怒火中烧;愤恨;压抑地不满

D. 跳绳

E. (事件等)巧合;共同导致

11. trillion

A. (美、法)万亿;兆;(英、德)百亿亿;百万兆

B. 联合会

C. 闹市;闹区

D. 小钉;栓;挂物钉

E. 过路人;路人

12. shatter
A. 显露;展现
B. 咕哝;发哼声;隆隆作响;轰鸣
C. 碎裂
D. (火焰)闪耀;火(短暂地)烧旺
E. 莽撞;冲;闯;

13. retaliation
A. 反击
B. 广场
C. 用劲
D. 衣柜
E. 报复;报仇

14. deceit
A. 欺骗;欺诈;诡计
B. 香水;香料
C. 门外汉;外行
D. 有孔的小珠
E. 末端;终点

15. banish
A. 给……起掉号;把……称为
B. 使遇险;危及;危害;损害
C. 消除;排除
D. 放逐;驱逐
E. (马;狗)乱咬;乱踩;乱踢

16. navigation

A. 企业联合组织

B. 航行;航海;航空

C. 职业;行业

D. 领航;导航

E. 咖啡因;茶精(兴奋剂)

17. detour

A. 弯路;迂回路

B. 常规;惯例;定例;老规矩

C. 特色;特性

D. 项链

E. 先驱;先导

18. hack

A. 官僚;官吏

B. 砍;劈

C. 摇摆不定的事态(或局面)

D. 括号;括弧;

E. (车、船等倚壁而设的)铺位

19. purify

A. 使纯净;提纯

B. 挣脱

C. 镶边于;沿边缘形成

D. 争吵;打架

E. 抚爱;宠爱;吻

20. condolence

A. 哀悼;吊唁;哀悼;悼词;追悼

B. 失误;疏忽

C. 自治城镇;(大城市的)行政区

D. 基数词

E. 恶棍;流氓;坏蛋

[**试卷详解**]

1. blockade

A. 封锁 [5]

例句:There was a serious shortage of food when the city was blockaded. 这个城市被封锁时,严重缺乏食物。

B. 使倒转;使倒置;使颠倒[−5]

例句:The yield curve is said to be inverted. 据说产额曲线弄颠倒了。

C. 使隶属(或附属)于[−5]

例句:This hospital is affiliated with that university. 这家医院是那所大学的附属医院。

D. 放牧(牛、羊等)[−5]

例句:Farmers can now graze their cattle on the mountain. 农民们现在可以在山上放牛。

E. 哀悼;痛惜[−5]

例句:He deeply lamented the death of his wife. 他对妻子的死表示深切的哀悼。

2. borough

A. 爆竹;鞭炮[−5]

例句：The Chinese use crackers to frighten amiy evil spirits. 中国人用鞭炮驱邪。

B. 自治城镇；(大城市的)行政区[5]

例句：Brooklyn is one of the five boroughs of New York City. 布鲁克林是纽约市的五个行政区之一。

C. 花生[—5]

例句：He likes to eat peanut jam. 他喜欢吃花生酱。

D. 营养(作用)；滋养[—5]

例句：A balanced diet gives one the proper nutrition. 均衡的饮食可使人摄取到适当的营养。

E. 搅拌器；打蛋器[—5]

例句：Using a whisk，she mixed the yolks and sugar. 她用搅拌器把蛋黄和食糖混合在一起。

3. affiliation

A. (短程的)差事；差[—5]

例句：If an errand had to be run， she was always the first volunteer. 如果有什么差事要跑跑腿的话，他总是第一个自告奋勇者。

B. 许可(证)；批准[—5]

例句：The control tower gave the pilot clearance to land. 指挥塔准许飞机着陆。

C. 加入；入会；接纳；合并[5]

例句：They sought affiliation to the Labour Party. 他们谋求加入工党。

D. 联系；从属关系[5]

例句：Many people were arrested for their political affiliations. 许多人因其政治背景而被捕。

E.（门等的）开口[-5]

例句：Access to the attic is made through ahatch in the ceiling of my bedroom. 我的卧室天花板上的一个开口通往阁楼。

4. scramble

A. 徒步旅行[-5]

例句：Lots of kids and their families came to hike with me. 许多小孩及其家人来跟我一起徒步旅行。

B. 争夺；抢夺[5]

例句：They are constantly scrambling for money. 他们在不断地争夺金钱。

C. 攀登；爬[5]

例句：Richard and I scrambledup the cliff and took some really nice photos. 我和理查德爬上这块峭壁，照了几张确实很好看的照片。

D. 跌倒；摔下；滚下[-5]

例句：The box suddenly tumbled off the top of the wardrobe. 箱子突然从大衣柜顶上摔了下来。

E. 赶忙做；奔忙[-5]

例句：We can get there in time if we hustle. 要是我们赶紧些，可以准时到那儿。

5. onset

A. 进攻；攻击；突击[5]

例句：The onset of the enemy took us by surprise. 敌人的进攻使我们大吃一惊。

B. 丁字形拐杖[-5]

例句：Just then the door opened and there came out a little old woman, walking with a crutch. 就在这时,门开了,走出来一位矮个儿老妇人,手里拄着一根丁字形拐杖。

C. 派别;派系;学派;流派[—5]

例句:Plato was the chief of the academic sect, and Aristotle of the peripatetic. 柏拉图是空论学派的首领,而亚里士多德却是逍遥派首领。

D.(坏事)开始;动手[5]

例句:At the onset of germination, the hypocotyl elongates rapidly by cell enlargement. 萌发开始时,下胚轴因细胞增大而迅速伸长。

E. 植物;草木[—5]

例句:The natural vegetation of the wet regions consists mainly of dense forest . 这些潮湿地区的自然植被主要由密林组成。

6. hitch

A. 欺骗;欺诈;诡计[—5]

例句:Deceit sometimes backfires on the deceiver. 欺骗有时会使行骗者自食其果。

B. [总称]家畜;牲畜[—5]

例句:They made a living by feeding livestock. 他们靠饲养家畜为生。

C. 熊猫[—5]

例句:Pandas are loved by people all over the world. 熊猫受到全世界人们的喜爱。

D. 故障;障碍[5]

例句:The installation went without hitch. 安装进展顺利,无故障。

E. [语]词缀[－5]

例句：The affixes un “- and -less” are often used to make negative words. 词缀 un-和-less 常用来构 i 否定意义的词。

7. transient

A. 所有人的[－5]

例句：They have proprietary rights to the data. 他们拥有这些数据的所有权。

B. 短暂的；转瞬即逝的[5]

例句：A glass of whisky has only a transient warming effect. 一杯威士忌酒只能产生转瞬即逝的温暖效果。

C. 有远见的；有洞察力的[－5]

例句：She encouraged visionary thinking and creation. 他鼓励有远见的思维方式和创作风格。

D. 临时的；暂住的[5]

例句：Transient area is a storage area used for transient programs or routines. 暂驻存储是用来临时存放暂态程序或例行程序的一种储区。

E. 回答的[－5]

例句：We have a number of ways to minimize respondent error. 我们有许多方法将回答误差减到最小。

8. clench

A. (用球等)玩杂耍[－5]

例句：Learning to juggle is nor as complicated as it may seem. 学习玩杂耍没有看上去那么复杂。

B. 使纯净；提纯[－5]

例句：It's important to know how to purify water after a disaster. 知道灾后如何净化水很重要。

C. 驱逐[—5]

例句：They chucked a drunken man out of the pub. 他们把一个醉汉从酒馆里撵了出去。

D. 捏紧(拳头等)；咬紧(牙齿等)[5]

例句：The old man clenched his fist and waved it angrily at us. 这位老人握紧拳头，愤怒地向我们挥舞着。

E. 紧紧握住[5]

例句：The girl clenched her money in her hand. 小女孩把钱牢牢抓在手中。

9. neutralize

A. 缓冲；减轻；[—5]

例句：Joe thinks romantic love will buffer him against life's hardships. 乔认为浪漫的爱情会减轻他生活中的苦难。

B. 中和[5]

例句：The alkalinity of water is a measure of its capacity to neutralize acids. 水的碱性是它中和酸的能力的一种量度。

C. 使无效[5]

例句：Rising prices neutralize increased wages. 日益上涨的价格使增长的工资无济于事。

D. 照料或刷洗(马等)[—5]

例句：The horses were being groomed for the horse show. (当时)那些马正在被刷洗干净去参加马匹展览会。

E. 使中立化[5]

例句：Switzerland was neutralized in 1815. 瑞士于 1815 年实现

中立。

10. smolder

A. 踩踏板；骑车[－5]

例句：Hold onto the handrail lightly, and lean forward slightly while pedaling slowly. 轻轻抓住扶手，慢慢踩踏板，同时身子微微前倾。

B. 闷烧；闷燃[5]

例句：Chimney fires can smolder silently until they engulf your roof, so they are not to be ignored. 烟囱着火可能是静静地闷燃，直到它们吞没你的屋顶为止，所以不容忽视。

C. 怒火中烧；愤恨；压抑地不满[5]

例句：Oddly enough, instead of going out right away, they smoldered for a minute and then went out. 说也奇怪，他们没有马上出去，而是怒火中烧了一会儿后才出去。

D. 跳绳[－5]

例句：The girls chant the same rhymes when they are skipping. 女孩子们跳绳时异口同声地数着数。

E. (事件等)巧合；共同导致[－5]

例句：All things conspired towards the present dilemma. 一切因素都导致了目前进退两难的境地。

11. trillion

A. (美、法)万亿；兆；(英、德)百亿亿；百万兆[5]

例句：The US Government cannot account for trillions of dollars. 美国政府无法对数万亿美元做出解释。

B. 联合会[－5]

例句：The German sports federation said it would hold an investigation. 德国体育联合会称它将进行调查。

C. 闹市；闹区[−5]

例句：This is a hive of industry. 这是一个繁忙的工业区。

D. 小钉；栓；挂物钉[−5]

例句：Hang your jacket up on the peg. 把你的夹克挂在挂物钉上。

E. 过路人；路人[−5]

例句：Many passersby accused them of violating the traffic rules. 很多过路人遣责他们违犯交通规则。

12. shatter

A. 显露；展现[−5]

例句：The landscape unfolded before us. 那景色展现在我们面前。

B. 咕哝；发哼声；隆隆作响；轰鸣[−5]

例句：Thunder grumbled in the distance. 远处雷声隆隆。

C. 碎裂[5]

例句：The mirror shattered into tiny pieces. 镜子摔成了小碎块。

D. （火焰）闪耀；火（短暂地）烧旺[−5]

例句：The great flames flared through the darkness. 大股的火焰在黑暗中闪耀。

E. 莽撞；冲；闯[−5]

例句：They barged through the crowds. 他们横冲直撞地挤过人群。

13. retaliation

A. 反击[5]

例句:It was agreed that immediate retaliation was necessary. 大家都认为有必要马上进行反击。

B. 广场[−5]

例句:Do you stop at the Broadway Plaza //ore/? 你在百老汇广场饭店停车吗?

C. 用劲[−5]

例句:I weakened by my exertions. 我不断使劲后感到虚弱。

D. 衣柜[−5]

例句:He put all his clean clothes in the big wardrobe. 他把所有的干净衣服都放在大衣柜里。

E. 报复;报仇[5]

例句:They staged the attacks in retaliation for attacks on their own civilians. 他们因本国平民遭到袭击而发动了报复性的攻击。

14. deceit

A. 欺骗;欺诈;诡计[5]

例句:Deceit sometimes backfires on the deceiver. 欺骗有时会使行骗者自食其果。

B. 香水;香料[−5]

例句:Women who wear too much perfume may be suffering from depression. 喷洒香水过多的女人可能患有忧郁症。

C. 门外汉;外行[−5]

例句:This is a book written for both professionals and laymen. 这是一本既适合专业人员又适合外行人而写的书。

D. 有孔的小珠;[−5]

例句:She wore a string of beads around her neck. 她脖子上挂了一串珠子。

E. 末端;终点[一5]

例句:The termination of the wire had become accidentally fused with the switch. 电线末端意外地与开关接合在一起。

15. banish

A. 给……起掉号;把……称为[一5]

例句:Mrs. Thatcher was dubbed the Iron Lady. 撒切尔夫人被称为“铁娘子”。

B. 使遇险;危及;危害;损害[一5]

例句:She knew that by failing her exams she could jeopardize her whole future. 她知道考试不及格会危及自己的整个前程。

C. 消除;排除;[5]

例句:He banished all thoughts of a restful holiday (from his mind). 他打消了过一个宁静假日的想法。

D. 放逐;驱逐[5]

例句:The dictator banished his opponents from the country. 这位独裁者将他的反对者们驱逐出境。

E. (马;狗)乱咬;乱踩;乱踢[一5]

例句:The woman was savaged and disfigured by a dog in May. 这位妇女在五月份被一条狗乱咬并破了相。

16. navigation

A. 企业联合组织[一5]

例句:A syndicate of local businessmen is bidding for the contract. 一个当地企业家的联合组织在向这一合同投标。

B. 航行;航海;航空[5]

例句:The channel is now open to navigation. 该海峡现在通

航了。

C. 职业；行业[－4]

例句：It wasn't until she was in her thirties that she found her calling. 她直到30多岁时才找到职业。

D. 领航；导航[5]

例句：Naval officers must understand both the theory and the practice of navigation. 海军军官必须了解航海术的理论与实践。

E. 咖啡因；茶精(兴奋剂)[－5]

例句：Avoid caffeine three to four hours before bedtime. 就寝前三四个小时内要避免摄入咖啡因。

17. detour

A. 弯路；迂回路[5]

例句：Road signs indicate detours ahead. 路牌表明前面是弯路。

B. 常规；惯例；定例；老规矩[－5]

例句：We are kind of sticking in a rut. 我们有点儿陷入老一套的生活方式。

C. 特色；特性[－5]

例句：Is this prudery a peculiarity of Englishmen? 这种过分拘谨是英国人的特性？

D. 项链[－5]

例句：Once a person is used to wearing the necklace, he can wear it 24 hours a day without fear of losing it. 一旦一个人习惯戴项链，他会一天24小时都戴着不怕丢的。

E. 先驱；先导[－5]

例句：Penicillin was the forerunner of modern antibiotics. 青霉素是现代抗生素的先导。

18. hack

A. 官僚;官吏;[－5]

例句:Bureaucrats explained smugly that the facts provided by their own experts show no cause for concern. 官僚们自鸣得意地解释说,他们自己的专家所提供的事实表明没有担心的理由。

B. 砍;劈[5]

例句:After one or two hacks at the trees he must cease work for the day. 再砍一两棵树后,他必须停止这一天的工作。

C. 摇摆不定的事态(或局面)[－5]

例句:The political pendulum always swings back in the opposite direction. 政治上摇摆不定的局面总是摇摆返回到相反的方向。

D. 括号;括弧[－5]

例句:The codes are given in the bracket. 圆括号里给出了代码。

E. (车、船等倚壁而设的)铺位[－5]

例句:She was lying in the top bunk feeling seasick. 她躺在上铺,感到晕船。

19. purify

A. 使纯净;提纯[5]

例句: It's important to know how to purify water after a disaster. 知道灾后如何净化水很重要。

B. 挣脱[－5]

例句:He wrenched his arm free. 他用力把手臂挣脱开。

C. 镶边于;沿边缘形成[－5]

例句:Wild flowers rimmed the little pool. 小池的边缘长满了野花。

D. 争吵;打架;[－5]

例句:The young men had nothing better to do than brawl in the streets. 这些年轻人除了在街上打架以外无所事事。

E. 抚爱;宠爱;吻[−5]

例句:Mother caressed his cheek lovingly before her son left for the front. 儿子上前线前妈妈亲热地吻了他的脸颊。

20. condolence

A. 哀悼;吊唁;哀悼;悼词;追悼[5]

例句:Our condolences go to his wife and family. 我们向他的妻子和家人表示哀悼。

B. 失误;疏忽[−5]

例句:There is not only an incredible security lapse, but there is also a cover-up. 不仅存在着难以置信的安全隐患,而且还存在着掩饰。

C. 自治城镇;(大城市的)行政区[−5]

例句:Brooklyn is one of the five boroughs of New York City. 布鲁克林是纽约市的五个行政区之一。

D. 基数词[−5]

例句:Cardinals are used when adding figures. 在做加法时用基数词。

E. 恶棍;流氓;坏蛋[−5]

例句:The villain cheated the old lady out of her life's savings. 那个恶棍骗走了老太太一生的积蓄。

参考文献

Alderman D L, Holland P W. Item performance across native language groups on the Test of English as a Foreign Language (TOEFL Research Report No.9). Princeton. NJ: Educational Testing Service, 1981.

Alderson J C, Wall D. Does washback exist? Applied Linguistics, 1993:14,115—129.

Alderson J C, Wall D, Eds. Washback [Special Issue] Language Testing, 1996:13.

Bachman L F, Palmer A S. The construct validation of the FSI oral interview. Language Learning, 1981:31,67—86.

Bachman L F. Fundamental Considerations in Language Testing. London: Oxford University Press, 1990.

Bachman L F. What does language testing have to offer? TESOL Quarterly, 1991:25(4).

Bachman L F, Palmer A S. Language Testing in Practice. London: Oxford University Press, 1996.

Buck G. Testing Listening Comprehension, unpublished PhD thesis, University of Lancaster, 1990.

Chen Z, Henning G. Linguistic and cultural bias in language proficiency tests. Language Testing, 1985:2(2),155—163.

Cheng L. How does washback influence teaching? Implications for Hong Kong. Language and Education, 1997:11, 38—54.

Cheng L, Watanabe Y, Curtis A, Eds. Washback in language testing: Research contexts and methods. Mahwah, NJ: Lawrence Erlbaum, 2004.

Cheng L. Changing Language Teaching through Language Testing: a Washback Study. London: Cambridge University Press, 2005.

Clifford R T. Convergent and discriminant validation of integrated and unitary language skills: the need for a research model. In A.S. Palmer, P.J.M. Groot & G.A. Trosper (Eds.). The construct validation of tests of communicative competence (pp.62 — 70). Washington, DC: TESOL, 1981.

Cohen A D. On taking tests: What the students report. Language Testing, 1984:1(1), 70—81.

Green A. Watching for washback: Observing the influence of the international English language testing system academic writing test in the classroom. Language Assessment Quarterly, 2007:3, 333—368.

Heaton J B. Writing English Language Tests. Harlow: Longman, 1988.

Heaton J B. Writing English Language Tests. Beijing: Foreign Language Teaching and Research Press, 2000:28—30.

Hughes A. Testing for Language Teachers. London: Cambridge University Press, 1989.

Hughes A. Testing for Language Teachers. (2nd ed.) London:

Cambridge University Press, 2003.

Lado R. Language Testing. New York: McGraw-Hill, 1961.

McNamara T. Language Testing. New York: Oxford University Press, 2000:5—7.

Nevo N. Test-taking strategies on a multiple-choice test of reading comprehension. Language Testing, 1989:6(2), 199—215.

Oiler J W Jr Language tests at school: A pragmatic approach. London: Longman, 1979.

Politzer R L, McGroaty M. An exploratory study of learning behaviors and their relationship to gains in linguistic and communicative competence. TESOL Quarterly, 1985: 19 (1), 103—123.

Seliger H W, Shohamy E. Second Language Research Methods. London: Oxford University Press, 1997.

Shohamy E. The stability of oral proficiency assessment on the oral interview testing procedures. Language Learning, 1983: 33, 527—540.

Shohamy E. Does the testing methods make a difference? The case of reading comprehension. Language Testing, 1984: 1 (2), 147—170.

Swinton S, Powers D E. Factor analysis of the Test of English as a Foreign Language for several language groups (TOEFL Research Report No.6). Princeton, NJ: Educational Testing Service, 1980.

Weir C J. Communicative Language Testing. New York: Prentice-Hall, 1990.

Weir C J, Roberts J. Evaluation In ELT. Oxford UK & Cambridge USA: Blackwell Publishers, 1994.

曹扬波．英语测试中的多项选择题刍议[J]．陕西师范大学学报(哲学社会科学版)，1998(6)：103—105.

程慕胜．对多项选择题应有一个恰如其分的评价[J]．湖北招生考试，2006(6)：21—26.

高淑玲、朱瞭、刘娟、宋援援．英语多项选择题的历史演变与发展前景[J]．西北大学学报(哲学社会科学版)，2009(7)：156—159.

谷青松．新题型后词汇和语法在大学英语考试中的重要性[J]．考试周刊，2010(51)：8—9.

谷青松．利用“多选奖惩法”限制多项选择题中的猜测因素[J]．考试周刊，2013(14)：7—10.

黄大勇，杨炳钧．语言测试反拨效应研究概述[J]．外语教学与研究，2002(4)：288—293.

季中文．多项选择题解题概率初步分析——以部分执业资格考试为例[J]．生物技术世界，2013(8)：151—153.

蒋显菊．国内英语测试研究：十年回顾与展望[J]．外语界，2007(2)：89—96.

李窖．烫手的山芋——英语测试中的多项选择题[J]．科学创新导报，2007(33)：219.

李筱菊．语言测试科学与艺术[M]．长沙：湖南教育出版社，1997.

李迎旭．多项选择题对我国英语教学的影响[J]．长春理工大学学报，2012(11)：205—205.

刘红梅．浅析英语测试手段的现代化变革[J]．盐城师范学院学报(人文社会科学版)、2009(2)：68—71.

刘熠．论听力测试中的多项选择题型[J]．河北工业大学成人教育学院学报，2004(3)：43—45.

毛云．大学英语测试改革必要性探讨[J]．外语教育，2001(1)：113—116.

潘之欣.语言测试中的多项选择题型[J].外语界,2001(4):67—74.

孙成岗.现代语言测试与试卷分析[J].解放军外国语学院学报,2000(7):82—86.

孙惠超.多项选择题评分标准对猜测误差的影响[J].零陵学院学报,2003(9):131.

陶应奇.关于单项选择与多项选择题分值确定的探讨[J].烟台师范学院学报(自然科学版),2002,18(1):67—71.

王枫林.从外语教学思想的转变看英语测试的改革[J].西南民族学院学报(哲学社会科学版),2002(4):200—203.

王宏玉.英语多项选择题及其编辑[J].首都经济贸易大学学报,2008(3):126—128.

王振亚.现代语言测试模型[M].保定:河北大学出版社,2009.

王正元.关于英语测试的反拨效应[J].中国外语,2005(3):50—54.

肖云南、罗晓英.关于英语测试的改革[J].外语教学与研究(外国语文双月刊),2002(7):294—299.

杨惠中、桂诗春.语言测试社会学[M].上海:上海外语教育出版社,2015.

杨惠中.大学英语四、六级考试十五年回顾[J].外语界,2003(3):25.

张彤、杨德宏.大学英语测试中多项选择题的设计原则[J].辽宁医学院学报(社会科学版),2008(5):108—110.

邹申.简明英语测试教程[M].北京:高等教育出版社,2011.

朱维举.论英语测试学[J].哈尔滨科学技术大学学报,1986(2):96—99.

主要术语索引

（以书中出现先后为序）

作文测试（essay test）

多种答案选择法（multiple choice）

完形填空（cloze test）

考试环境（the testing environment）

考试指导语（test rubric）

考试语言馈入性质（the nature of the input）

考试预期回答性质（the nature of the expected response）

馈入与回答的关系（the relationship between input and response）

能力单一性的假设（the unitary competence hypothesis）

交际语言能力模式（communicative language ability model）

语言能力（language competence）

策略能力（strategic competence）

心理生理机制（psychophysiological mechanism）

反拨效应（backwash or washback effect）

测试（Testing and Examination）

教育测量学（Educational Measurement）

水平考试（proficiency test）

学业考试(achievement test)

分级考试(placement test)

诊断考试(diagnostic test)

答卷式语言考试(paper-and-pencil language test)

交际式言语考试(performance test)

客观考试(objective test)

主观考试(subjective test)

分离式测试(discrete-point test)

综合式测试(integrative test)

常模参照考试(norm-referenced test)

标准参照考试(criterion-referenced test)

设计(design)

实施(operationalization)

管理(administration)

大学英语考试(CET)

雅思考试(IELTS)

信度(reliability)

效度(validity)

内容效度(content validity)

效标关联效度(criterion-related validity)

常模参照考试(norm-referenced test)

标准参照考试(criterion-referenced test)

反拨效应(backwash or washback)

反拨效应假设(Washback Hypothesis)

交际测试(communicative testing)

多项选择题(multiple-choice item)

题干(stem)

选择项(option、response or alternative)

干扰项(distractor)

语境(context)

运用语言(use)

非语言的用法(usage)

心理测试(mental testing)

客观评分成组测试法(objectively scoring group test)

托福考试(TOEFL)

是非判断(true/false)

配对(matching)

取代(replacement)

排序(ordering)

词形/句型变换(morphological/syntactic transformation)

错误辨认(error recognition)

错误改正(error correction)

填空(gap-filling)

补全句子(completion)

完形填空(cloze)

短答案问答(short-answer question)

听写(dictation)

信息转换(information transfer)

按指令做事(following instruction)

朗读(reading aloud)

改写(rewriting)

复述(retelling)

记笔记(note-taking)

提要(summary)

限制性讲话/写作(restricted speaking/writing)
自由讲话/写作(free speaking/writing)
复合式听写题(compound dictation)
项目分析(item analysis)
考试分析(test analysis)
分值等值(score equating)
试题建库(item banking)
以语言形式为目标(language code-oriented)
以信息为目标(message-oriented)
预测(pretesting)
汇聚性思维(convergent thinking)
发散性思维(divergent thinking)
猜测概率(guessing probability)
猜测误差(guessing deviation)
多选奖惩法(the approach to constructing multiple-choice items with encouraging and punishing)
单选奖励法(the approach to constructing multiple-choice items with encouraging)
四项单选奖励题(four-choice items with encouraging)
多项多选奖惩题(multiple-choice items with encouraging and punishing)
五项多选奖惩题(five-choice items with encouraging and punishing)
试题库(item bank)